SERIE DE ESTUDIOS BÍBLICOS DE CHARLES F. STANLEY

CÓMO ESCUCHAR A DIOS

APRENDA A OÍRLO A TRAVÉS DE SU PALABRA

CHARLES F. STANLEY

GRUPO NELSON
Desde 1798

NASHVILLE   MÉXICO D.F.   RÍO DE JANEIRO

© 2021 por Grupo Nelson®
Publicado en Nashville, Tennessee, Estados Unidos de América.
Grupo Nelson es una marca registrada de Thomas Nelson, Inc.
www.gruponelson.com

Título en inglés: *Listening to God*
© 2019 por Charles F. Stanley - Edición revisada y actualizada
Edición original copyright 1996 y 2008 por Charles F. Stanley
Publicado por Thomas Nelson Books, un sello de Thomas Nelson.
Nelson Books y Thomas Nelson son marcas registradas de HarperCollins Christian
Publishing.

Este título también está disponible en formato electrónico.

Editora en Jefe: *Graciela Lelli*
Traducción: *Mirtha y Ricardo Acosta*
Adaptación del diseño al español: *Mauricio Díaz*

ISBN: 978-1-40022-158-5
ISBN ebook: 978-1-40022-187-5

Impreso en Estados Unidos de América
21 22 23 24 25 LSC 9 8 7 6 5 4 3 2 1

CONTENIDO

PREPARACIÓN PARA ESCUCHAR A DIOS

Dios habló a sus profetas en tiempos del Antiguo Testamento dándoles mensajes específicos para ellos y para el pueblo como un todo. Sin embargo, muchos cristianos en tiempos modernos creen que Dios ya no le habla a su pueblo como lo hizo una vez. ¡Pero no es así! Él todavía le habla a su pueblo... a todo su pueblo, no solo a aquellos seleccionados especialmente como sus voceros. Habla a través de nuestros tiempos de oración, a través del consejo de cristianos sabios y lo más importante, a través de su Palabra, la Biblia.

La Biblia es el método principal de comunicación de Dios con nosotros hoy día. Es el manantial de donde nos llegan nuevas perspectivas y sabiduría eterna. Es la referencia a la que debemos recurrir continuamente para revisar los mensajes que creemos que provienen de Dios.

Esta obra puede usarla usted solo y con varias personas en un estudio de grupo pequeño. En diferentes ocasiones se le pedirá que se relacione con el material en una de las cuatro maneras siguientes:

Primera, ¿qué ideas nuevas se le han ocurrido? Tome notas de las perspectivas que Dios le vaya revelando. Tal vez quiera escribirlas en su Biblia o en un diario separado. Mientras reflexiona en su nuevo entendimiento es probable que comprenda el modo en que Dios ha obrado en su vida.

Segunda, ¿ha tenido alguna vez una experiencia similar? Usted enfoca la Biblia a partir de su formación exclusiva... su conjunto propio y particular de entendimientos sobre el mundo que trae consigo cuando abre la Palabra de Dios. Por eso es importante considerar de qué manera sus experiencias conforman su comprensión y le permiten ser receptivo a la verdad que Dios revela.

Tercera, ¿cómo se siente usted respecto al material presentado? Aunque no debe depender únicamente de sus emociones como indicador de su fe, es importante que esté consciente de sus sentimientos al estudiar un pasaje de las Escrituras y que tenga la libertad de expresarle sus emociones a Dios. A veces el Espíritu Santo utilizará las emociones que usted siente para obligarlo a ver su vida de un modo diferente o desafiante.

Cuarta, ¿en qué manera se siente usted retado a reaccionar o actuar? La Palabra de Dios puede inspirarlo o desafiarlo a adoptar una acción particular. Asuma con seriedad este reto y encuentre maneras de seguir adelante. Si Dios le revela una necesidad particular que desea que usted satisfaga, tómela como una «orden de marcha». Él le conferirá poder para hacer algo con el desafío que acaba de darle.

Empiece con oración sus sesiones de estudio bíblico. Pídale a Dios que le dé ojos espirituales para ver y oídos espirituales para escuchar. Al concluir el estudio, pídale al Señor que selle lo que usted ha aprendido a fin de que no lo olvide. Pídale que le ayude a crecer en la plenitud de la naturaleza y el carácter de Jesucristo. Una vez más, le animo a mantener la Biblia en el centro de su estudio. Un estudio bíblico verdadero se mantiene enfocado en la Palabra de Dios y promueve fe creciente y mayor cercanía con el Espíritu Santo en cada persona que participa.

DIOS TIENE ALGO QUE DECIRNOS

EN ESTA LECCIÓN

Enseñanza: ¿Le habla Dios todavía a las personas en la actualidad?

Crecimiento: ¿Cuál es el propósito de la oración y la lectura bíblica?

Una de las lecciones más importantes que podemos aprender es cómo escuchar a Dios. En este sentido, nada es más urgente, necesario o gratificante que escuchar lo que Dios tiene que decirnos, tanto individualmente como en calidad de miembros del cuerpo de Cristo. Al fin y al cabo, si queremos desarrollar una relación con otra persona debemos conversar con ella en alguna manera. Esto significa hablar *y* escuchar.

A la mayoría de personas nos va mejor con la parte hablada. En mi propia vida recuerdo una ocasión en que me hallaba demasiado ocupado haciendo la obra del Señor como para prestar atención a la voz de Dios. Predicaba seis veces por semana, grababa dos programas de televisión, viajaba por todo el país, escribía un libro, pastoreaba la iglesia y administraba un gran personal de la iglesia y el ministerio de transmisión, entre otros deberes diarios. En medio de todo esto, pasaba tiempo *hablándole* a Dios, a menudo acerca de las necesidades que yo enfrentaba en mi vida personal y ministerial, pero no mucho tiempo *escuchándole* a Dios. Terminé en el hospital durante una semana y fuera de circulación por tres meses. El resultado final para cada uno de nosotros, si no aprendemos a escuchar a Dios, es que cometeremos equivocaciones irreflexivas y costosas.

Usted podría cuestionar: «¿Nos habla realmente Dios hoy día?». La Biblia nos asegura que sí lo hace. El libro de Hebreos empieza de esta manera: «Dios, habiendo hablado muchas veces y de muchas maneras en otro tiempo a los padres por los profetas, en estos postreros días nos ha hablado por el Hijo, a quien constituyó heredero de todo, y por quien asimismo hizo el universo» (Hebreos 1:1-2).

Nuestro Dios no es mudo. Está vivo y activo en nuestro mundo actual. ¡Él habla! El objetivo principal de cualquier comunicador no es hablar bien, sino ser escuchado. Dios habla en un modo que podemos escucharlo, recibir su mensaje y entender lo que desea que hagamos.

1. El autor de Hebreos declara que «en estos postreros días», Dios «nos ha hablado por el Hijo» (Hebreos 1:2). ¿Qué quiere decir el autor con estas declaraciones?

....
....
....
....
....
....
....
....
....

2. ¿Cómo habla Dios hoy día a las personas? ¿Cómo le ha hablado a usted en el pasado?

....

....

....

....

....

....

....

....

MENSAJE PERSONAL DE DIOS

Dios habla tanto en términos generales como absolutos a todas las personas, y nos habla personalmente a cada uno de nosotros. Difícilmente podemos comprender esa posibilidad con nuestras mentes finitas. Dios es un Dios infinito, y es capaz de comunicarse con cada uno de nosotros, justo donde estamos. Puede hablarnos en medio de nuestras circunstancias o crisis en términos personales, directos y explícitos.

Este puede ser el concepto más importante que podemos entender cuando se trata de aprender a escuchar a Dios. Cuando Él habla, se dirige directamente a nosotros. Todo en la Biblia se aplica en alguna forma a nuestras vidas. Cada mensaje basado en la Palabra de Dios tiene incrustada una verdad que nos concierne. No hay tal cosa como un capítulo en la Biblia, un sermón basado en la Palabra de Dios o un libro que exponga y explique el mensaje de Dios, que no sea para nosotros.

Ahora bien, el problema es si realmente consideramos a la Biblia de esta manera, como la comunicación de Dios con nosotros, y si la valoramos de este modo. Siempre me río cuando escucho a las personas decir que sus Biblias aún están como nuevas, pues lo que acaban de hacer es confesar que no la leen ni la aplican a su situación de vida. Si ni siquiera abrimos la Palabra de Dios ni la leemos, estropeándola y marcándola, va a ser difícil llevar una vida piadosa. Cuando comenzamos de veras a comprender los beneficios y el valor de la Biblia, esta no permanece como nueva por mucho tiempo.

La forma en que usted y yo manejemos algo depende del valor que le demos. Por ejemplo, a nadie que le guste pescar compraría alguna vez una vara de alta gama para colgarla en la pared simplemente como decoración. No, la sacaría, aprendería todo lo que pudiera sobre cómo funciona, y la llevaría a su próximo viaje de pesca. Al regresar a casa, no tomaría la vara y simplemente la tiraría en algún rincón. Al contrario, la limpiaría, la puliría y aceitaría un poco para asegurarse de que esté lista para el próximo viaje de pesca.

Lo mismo ocurre con la Palabra de Dios. Si no la consideramos valiosa, la guardaremos en un estante en alguna parte, o tal vez la llevaremos a la iglesia o le haremos caso omiso hasta que se cubra de polvo. Pero si vemos la Palabra de Dios como «viva y eficaz, y más cortante que toda espada de dos filos; y [que] penetra hasta partir el alma y el espíritu» (Hebreos 4:12), comprenderemos que no es como cualquier otro libro. No hay obra que se iguale a la Biblia porque ella representa la misma mente impresa de Dios. Cuando abrimos sus páginas aprendemos a conocer los caminos del Señor, a comprender su carácter y a escuchar su voz hablando a nuestras vidas.

3. «El que es de Dios, las palabras de Dios oye; por esto no las oís vosotros, porque no sois de Dios» (Juan 8:47). ¿Por qué es importante abrir la Palabra de Dios a fin de tener una relación dinámica con Él?

....

....

....

....

4. ¿Qué valor diría usted que le da a la Palabra de Dios? ¿Es leer la Biblia parte de su vida cotidiana? ¿O es solo algo para llevar a la iglesia el domingo? Explique.

....

....

....

....

LA VOZ DE DIOS NOS GUÍA

En Salmos 119:105 leemos: «Lámpara es a mis pies tu palabra, y lumbrera a mi camino». Cuando queremos descubrir dirección de Dios para nuestras vidas, una de las acciones más sencillas que podemos hacer es interesarnos en la Palabra de Dios. Cada vez que luchamos con tomar una decisión, una de las primeras cosas que hacemos es llamar a nuestros amigos. Les contamos nuestra situación y nuestros problemas, y les pedimos que nos aconsejen. Sin embargo, cuando buscamos dirección, el mejor lugar al cual recurrir primero es la Palabra de Dios. Nuestros amigos pueden darnos buenos consejos, pero la Palabra de Dios siempre nos dará el consejo *correcto* y absolutamente perfecto.

Dios está muy deseoso hoy día de comunicarnos su voluntad. Nos ha proporcionado su Palabra, la Biblia, como una lámpara que ilumina nuestro camino en este mundo. Las personas suelen declarar que la Biblia es un «libro misterioso». Se quejan de que está lleno de historias de hace mucho tiempo que les resultan bastante desconocidas. Tienen dificultad en comprender cómo este libro puede guiarles. Pero la verdad es que cuando recurrimos a Dios y le pedimos claridad, Él revelará algunos versículos que nos comunican su voluntad.

Como señala el salmista: «De tus mandamientos he adquirido inteligencia; por tanto, he aborrecido todo camino de mentira» (Salmo 119:104). Nos hacemos sabios al interesarnos en las Escrituras, pidiéndole a Dios que nos guíe a medida que leemos, escuchando su dirección y luego siguiendo esa instrucción. Cuando leemos la Biblia y permitimos que transforme nuestras mentes, comenzamos a pensar como Dios piensa. La Biblia es un libro muy personal, ¡y cada uno de nosotros debería adoptar personalmente la Palabra de Dios!

Por supuesto, esto no quiere decir que Dios tenga un mensaje *exclusivo* para alguien. Él no trata con secretos. No revelará una verdad a una persona y se la negará a otra. Estemos alerta si oímos decir a alguien: «Dios me dijo algo, pero me advirtió que no puedo decírselo a nadie más», o: «Dios tenía un mensaje solo para mí y no para usted». Dios no tiene favoritismos. No le habla a un hijo y se desentiende de los demás hijos. La reprimenda del Señor puede ser tan personal que tal vez usted no quiera contársela a otros, pero resulta ser un absoluto que se aplica a todas las personas. Lo mismo se aplica a las promesas, provisiones y perspectivas de Dios.

5. «Si alguno de vosotros tiene falta de sabiduría, pídala a Dios, el cual da a todos abundantemente y sin reproche, y le será dada» (Santiago 1:5). ¿En qué ocasiones buscó usted sabiduría de Dios al dedicarse a la Palabra? ¿Qué sucedió como resultado?

....

....

....

....

....

6. ¿Cómo lo ha guiado personalmente Dios mediante su Palabra?

....

....

....

....

....

La voz consoladora de Dios

En Salmos 119:28 el salmista escribe: «Se deshace mi alma de ansiedad; susténtame según tu palabra». Cuando nuestro espíritu está afligido y sufrimos, en la Biblia se nos recuerda que Dios nos ama, que nos cuida y se interesa personalmente en nosotros. Al comunicarnos esta verdad por medio de las páginas de la Biblia, nuestra pena se transforma en una sensación de paz y gozo, y hallamos las fuerzas para perseverar. Tal es el poder de la Palabra de Dios.

Cuando leemos del amor que Dios nos tiene y entendemos su poder y la manera en que obra en nuestras vidas, nuestra tristeza se convierte en gozo porque nos damos cuenta de que Dios vive dentro de nosotros. Por esto es que Pablo pudo escribir: «Regocijaos en el Señor siempre. Otra vez digo: ¡Regocijaos!» (Filipenses 4:4). Enfrentemos lo que enfrentemos, si tenemos una relación con Cristo descubrimos que de alguna manera experimentamos una profunda sensación de gozo permanente. Se trata de un deleite inexplicable e indescriptible, un gozo que está más allá de cualquier cosa que podamos acumular en nuestro interior o producir mediante alguna acción nuestra. No se trata de «mente sobre la materia». Es el regalo de Dios.

Jesús declaró: «La paz os dejo, mi paz os doy; yo no os la doy como el mundo la da. No se turbe vuestro corazón, ni tenga miedo» (Juan 14:27). La voz de Dios nos consuela incluso en los momentos más tormentosos de la vida, momentos en que el fondo se desploma, los costados se derrumban, el techo se nos viene encima y nos preguntamos a dónde se han ido nuestros amigos. Es como un raudal de paz que corre en un nivel más profundo que nuestra vida. No sabemos expresarlo con exactitud, pero podemos sentir que está allí. Es una paz que sobrepasa toda comprensión humana y protege nuestros corazones y nuestras mentes (ver Filipenses 4:7).

7. «Tú guardarás en completa paz a aquel cuyo pensamiento en ti persevera; porque en ti ha confiado» (Isaías 26:3). ¿De qué manera leer la Palabra de Dios hace que nuestra mente «permanezca» en Dios? ¿Cómo nos lleva esto a confiar en Dios... y hacia una paz mayor en nuestra vida?

....

....

....

....

....

....

....

8. ¿De qué modo lo ha consolado Dios por medio de su Palabra y le ha producido mayor paz?

....

....

....

....

....

....

....

LA VOZ RESUELTA DE DIOS

El Señor no habla con frivolidad. No bromea. Él habla en serio y cumple lo que promete. En Números 23:19 leemos:

> Dios no es hombre, para que mienta, ni hijo de hombre para que se arrepienta. Él dijo, ¿y no hará? Habló, ¿y no lo ejecutará?

Dios toma en serio su relación con nosotros. No nos habla en términos superficiales. Él espera que respondamos a su voz, que prestemos atención a su Palabra y que hagamos algo al respecto.

¿Recuerda usted el sermón del domingo pasado? ¿Recuerda lo que leyó ayer en la Palabra de Dios? Podrá recordar si escucha lo que Dios tiene que decirle y si toma en serio la idea de que Él quiere que usted haga algo en respuesta a su Palabra. Santiago escribe: «Sed hacedores de la palabra, y no tan solamente oidores, engañándoos a vosotros mismos» (1:22).

Dios habla para nuestro beneficio. Quiere que le escuchemos y respondamos a sus palabras. A veces nos desafiará a cambiar nuestra manera de pensar o a renunciar a ciertos sentimientos y opiniones que hemos estado albergando. En ocasiones nos ordenará cambiar ciertos aspectos de nuestra conducta. Algunas veces solo querrá animarnos con la finalidad de que vivamos con mayor gozo y fortaleza, además de mayor paz. Sin embargo, la Palabra de Dios siempre es para nuestra transformación. Pretende cambiarnos en alguna manera.

A medida que avancemos en este estudio, tomemos en serio la Palabra de Dios y escuchemos lo que Él nos dice. Escuchar a Dios no es un pasatiempo casual o una actividad del tipo «probemos y veamos si nos gusta». Escuchar a Dios es lo más importante que podemos hacer por nuestro futuro eterno.

9. «Muchos pensamientos hay en el corazón del hombre; mas el consejo de Jehová permanecerá» (Proverbios 19:21). ¿En qué ocasiones ha cambiado Dios los planes que usted tenía? ¿Cómo le hizo saber que estaba guiándolo en una dirección diferente?

....

....

10. ¿De qué manera podría usted fortalecer hoy su relación con Dios a fin de mejorar su comunicación?

....

....

....

....

....

....

HOY Y MAÑANA

Hoy: Dios habla hoy, y desea hablarme.

Mañana: Pasaré tiempo esta semana escuchando a Dios, leyendo su Palabra y hablándole.

ORACIÓN FINAL

Dios, gracias porque nos hablas hoy día. Te alabamos y bendecimos por ser tan compasivo, amoroso y bondadoso, y por estar dispuesto a escucharnos. Oramos hoy por quienes no han recibido a Cristo y nunca han escuchado tu voz. Oramos para que el Espíritu Santo susurre a sus corazones la simple verdad del evangelio y para que estén conscientes de tu presencia en una manera real. En tu nombre oramos. Amén.

Observaciones y peticiones de oración

Use este espacio para escribir todos los puntos clave, preguntas o peticiones de oración del estudio de esta semana.

POR QUÉ NOS HABLA DIOS

EN ESTA LECCIÓN

Enseñanza: ¿Por qué desea Dios comunicarse personalmente conmigo?

Crecimiento: ¿De qué manera puedo mejorar esa comunicación?

Dios nos habla por razones puramente suyas: nos ama y desea tener una relación con nosotros. Asaf, el músico y salmista, ofrece esta súplica profundamente conmovedora de Dios a su pueblo en Salmos 81:8-16:

> Oye, pueblo mío, y te amonestaré.
> Israel, si me oyeres,
> No habrá en ti dios ajeno,
> Ni te inclinarás a dios extraño.

Yo soy Jehová tu Dios,
Que te hice subir de la tierra de Egipto;
Abre tu boca, y yo la llenaré.

Pero mi pueblo no oyó mi voz,
E Israel no me quiso a mí.
Los dejé, por tanto, a la dureza de su corazón;
Caminaron en sus propios consejos.

¡Oh, si me hubiera oído mi pueblo,
Si en mis caminos hubiera andado Israel!
En un momento habría yo derribado a sus enemigos,
Y vuelto mi mano contra sus adversarios.
Los que aborrecen a Jehová se le habrían sometido,
Y el tiempo de ellos sería para siempre.
Les sustentaría Dios con lo mejor del trigo,
Y con miel de la peña les saciaría.

¿Logramos percibir la tristeza en la voz de Dios cuando le suplica a su pueblo que lo escuche? ¿Y con qué propósito? ¡Para poder bendecirlo! Él solo quiere el bien para su pueblo.

Dios nos creó para tener comunión. Desea andar y hablar con nosotros, tal como hizo con Adán y Eva. Nos ama y quiere a su vez que lo amemos. Se da a nosotros y ansía que le correspondamos. Nos protege del mal y anhela que confiemos en Él. Nos provee todo lo que necesitamos y nos pide que confiemos en Él como la fuente de nuestro suministro total. Él es nuestro Padre, y nosotros somos sus hijos. Desea que nuestra relación sea saludable, gozosa, amorosa y satisfactoria.

Específicamente, Dios quiere que *comprendamos* su verdad. Añora que *sepamos* quién es Él, quiénes somos y qué relación quiere tener con nosotros. Desea que seamos *conformados* a su verdad: que apliquemos su verdad a nuestras vidas de tal manera que nos transforme más íntimamente a la imagen de Cristo Jesús. Y Dios anhela que *comuniquemos* su verdad a otros.

1. Según Salmos 81:8-16, ¿qué debe hacer el pueblo de Dios si desea escuchar la voz del Señor?

....

....

....

....

....

....

....

....

2. ¿Qué promete hacer Dios por nosotros si le obedecemos?

....

....

....

....

....

....

....

....

....

COMPRENDER LA VERDAD DE DIOS

El Señor ha dado a todos los creyentes una persona divina, el Espíritu Santo, quien vive en nuestro interior para ayudarnos a recibir y entender la verdad. El Espíritu Santo conoce perfectamente la mente de Dios y comunica a nuestros espíritus la verdad que Él quiere que escuchemos. Dios desea que conozcamos su mente. Desde luego, nunca conoceremos *completamente* la mente del Señor porque somos criaturas finitas y Él es infinito. Pero podemos crecer en nuestra comprensión sobre quién es Dios, cómo actúa en nuestro mundo y por qué hace lo que hace.

Múltiples razones pueden limitar nuestra comprensión de los motivos y métodos del Señor. Una razón podría ser que no leemos la Biblia. A fin de entender el contexto verdadero y completo de cualquier pasaje en la Palabra de Dios, debemos comprender el contexto verdadero y completo de *toda* la Palabra de Dios. También podríamos tener diferencias culturales que nos impidan comprender totalmente lo que significan ciertos aspectos en la Biblia. Podríamos estar tratando de comprender la Palabra únicamente con nuestras mentes, lo cual siempre es inútil. La Biblia habla a nuestro espíritu.

No obstante, ninguna de estas razones es una barrera fija para nosotros. Podemos aumentar nuestra comprensión al leer más la Palabra de Dios, estudiar los trasfondos culturales de la Biblia y aprender a leerla con entendimiento espiritual.

3. «El Consolador, el Espíritu Santo, a quien el Padre enviará en mi nombre, él os enseñará todas las cosas, y os recordará todo lo que yo os he dicho» (Juan 14:26). ¿Qué significa que el Espíritu Santo nos «recordará» las palabras de Jesús? ¿Qué se requiere para que usted recuerde las palabras de Jesús?

4. ¿Qué obstáculos ha encontrado usted al tratar de comprender la verdad de la Palabra de Dios? ¿Qué ha hecho para lidiar con esos asuntos?

CONOCER LA VERDAD SOBRE DIOS Y NOSOTROS MISMOS

El Señor desea que aprendamos tres verdades principales sobre Él mismo. *La primera es que es nuestro Creador.* El primer versículo de la Biblia proclama: «En el principio creó Dios los cielos y la tierra» (Génesis 1:1). Nos formó como criaturas únicas. Hizo el mundo natural para que lo gobernemos y disfrutemos. Él ha provisto para todas nuestras necesidades.

La segunda verdad es que Dios es nuestra vida. La Biblia relata que Él sopló su aliento en nosotros: «Jehová Dios formó al hombre del polvo de la tierra, y sopló en su nariz aliento de vida, y fue el hombre un ser viviente» (Génesis 2:7). Somos espíritu porque Dios nos impartió su Espíritu. No podemos existir separados de Dios.

La tercera verdad es que Dios nos ama. Él nos tiende continuamente la mano con afecto. «De tal manera amó Dios al mundo, que ha dado a su Hijo unigénito» (Juan 3:16). Es más, su misma naturaleza es amar, porque «Dios es amor» (1 Juan 4:8). Él nos llama individualmente por nombre.

Una vez comprendidas estas verdades acerca de Dios, podemos entonces aprender dos verdades importantes sobre nosotros mismos. *La primera es que todos somos pecadores delante de un Dios santo y necesitamos un Salvador.* Las Escrituras describen una imagen sombría de nuestro estado humano caído: «Todos pecaron, y están destituidos de la gloria de Dios» (Romanos 3:23). Jesús incluso afirmó a un grupo de fariseos, a quienes consideraban la élite religiosa de la época: «Vosotros sois de vuestro padre el diablo, y los deseos de vuestro padre queréis hacer» (Juan 8:44). El mensaje principal del Espíritu Santo es que necesitamos a Dios.

La segunda verdad es que Dios nos ofrece salvación por medio de Cristo y nos da el regalo del Espíritu Santo, quien se convierte en nuestro Consolador y Consejero. En 1 Pedro 1:18-19 leemos: «Fuisteis rescatados de vuestra vana manera de vivir, la cual recibisteis de vuestros padres, no con cosas corruptibles [...] sino con la sangre preciosa de Cristo, como de un cordero sin mancha y sin contaminación». Al recibir la salvación que Jesús ofrece, recibimos el regalo del Espíritu Santo, quien habita dentro de nosotros. Jesús expresó:

«Yo rogaré al Padre, y os dará otro Consolador, para que esté con vosotros para siempre» (Juan 14:16).

El Espíritu Santo nos comunica esperanza. Fortalece nuestra fe y nos permite confiar en Dios. Nos da la seguridad de nuestra salvación y la fidelidad de Dios, y de que provee totalmente para nosotros. Nos revela nuestra naturaleza como santos de Dios en la tierra y nos desafía a crecer hasta parecernos más a Jesús. A medida que descubrimos estas verdades sobre nosotros mismos, comenzamos a ver a los demás bajo nueva luz. Vemos a nuestros compañeros creyentes como aquellos a quienes Dios también está conformando, formando y transformando. Vemos que todas las personas son amadas por Dios, que lo necesitan y que pueden tener acceso a Él. Nos volvemos más propensos a amar incondicionalmente a los demás.

5. «Amados, amémonos unos a otros; porque el amor es de Dios. Todo aquel que ama, es nacido de Dios, y conoce a Dios» (1 Juan 4:7). Dios es nuestro creador y nuestra vida... y nos ama. ¿De qué manera sugiere este versículo que debemos reflejar ese amor a los demás?

....

....

....

....

....

....

6. «Si alguno está en Cristo, nueva criatura es; las cosas viejas pasaron; he aquí todas son hechas nuevas» (2 Corintios 5:17). ¿Qué significa ser «nueva criatura» en Cristo? ¿Cómo nos ayuda el Espíritu Santo a ser «nuevas criaturas»?

....

....

....

....

....

....

Ser conformados por la verdad de Dios

No es suficiente que *comprendamos la verdad de Dios*, también debemos ser *conformados* a su verdad. El Señor nos llama a presentarnos ante Él como un sacrificio vivo. El apóstol Pablo escribe:

> Os ruego por las misericordias de Dios, que presentéis vuestros cuerpos en sacrificio vivo, santo, agradable a Dios, que es vuestro culto racional. (Romanos 12:1)

En el Antiguo Testamento Dios consumía sacrificios con su fuego santo como señal de su presencia entre el pueblo. En nuestro tiempo, la presencia santa de Dios quema en nuestra vida todo lo que no es semejante a Jesús. Dios hace entonces que cada uno de sus seguidores arda y resplandezca con celo por Él.

A medida que leemos y escuchamos la Palabra de Dios nos encontramos cara a cara con nosotros mismos, con nuestras deficiencias, nuestros errores y nuestras faltas. Decimos vez tras vez: «No soy como Jesús... pero quiero ser como Él». En esas ocasiones podemos saber que Dios realmente nos habla porque Él siempre nos llama a ser más y más como Jesús. ¿Cómo logramos esto? Simplemente le decimos al Padre: «Ayúdame a cambiar. Ayúdame a ser más como Jesús». Dios ha prometido mostrarnos de qué manera ser como Jesús y también ayudarnos a ser más como Él.

Cada vez que comprendamos que nuestra vida no está perfectamente alineada con la verdad de la Palabra de Dios, debemos tomar una decisión: aceptar el camino de Dios o rechazarlo. Cuando lo aceptamos y francamente le declaramos al Señor: «No soy así, pero quiero serlo», Él empieza a hacer algo dentro de nosotros. Descubrimos que nuestros gustos cambian. Nos sentimos incómodos en situaciones en que solíamos sentirnos cómodos. Experimentamos nuevos deseos por cosas que son buenas y sanas. ¡Estas son señales del poder transformador de Dios en acción!

7. «No os conforméis a este siglo, sino transformaos por medio de la renovación de vuestro entendimiento, para que comprobéis cuál sea la buena voluntad de Dios, agradable y perfecta»

(Romanos 12:2). ¿Qué significa ser «conformados a este mundo»?

....

....

....

....

....

....

....

....

....

....

8. ¿De qué manera una mente renovada mejora la comunicación del creyente con Dios? ¿Cómo se verían obstaculizadas las oraciones del cristiano que se «conforma a este mundo»?

....

....

....

....

....

....

....

....

....

....

Comunicar la verdad de Dios a otros

Dios también desea que comuniquemos su verdad a otros. No nos da su verdad para guardarla, sino para contarla. No imparte bendiciones para que las almacenemos, sino para que las participemos y para que aumentemos nuestra capacidad de recibir aun más de Él.

No nos ama para que simplemente disfrutemos de su amor, sino para que lo extendamos a otros. Jesús nos ordenó: «Id, y haced discípulos» (Mateo 28:19).

Comunicamos nuestra relación con Dios, tengamos o no la intención de hacerlo. Nuestras acciones, nuestra conducta y nuestras palabras espontáneas reflejan nuestro corazón. Dios quiere que de manera *activa* e *intencional* hablemos con otros lo que sabemos respecto a Él. Dios quiere que otros lleguen a conocerlo y que sigamos creciendo en Él. Quiere que prediquemos para que tengamos más hermanos y hermanas en Cristo, y que de este modo nuestra relación con ellos se enriquezca más.

Como nuestro Padre celestial, Dios desea tener con nosotros una relación amorosa y también desea que tengamos relaciones amorosas con otras personas a fin de que nuestras vidas sean más gozosas, significativas y plenas. No nos llama a tener una relación con Él en aislamiento. Al contrario, quiere que nos convirtamos en la *familia* de Dios con otros en la tierra.

Cuando anunciamos abierta y libremente a otros la verdad de Dios, edificamos la comunidad. Forjamos relaciones eternas. Nos relacionamos con personas que también buscan conocer la verdad de Dios y conformarse a ella. En tal comunidad encontramos fortaleza, consuelo y ayuda mutua. «Calzamos» con otros en un vínculo que colectivamente nos lleva a mayor plenitud.

Dios sabe que mientras más lo veamos por quién Él es en su totalidad, como nuestro amoroso Padre y Creador que solamente desea lo mejor para nosotros, más desearemos estar con Él. Mientras más estemos con el Señor, más anhelaremos ser como Él. Mientras más seamos como Él, mayor será nuestro testimonio a otros en el mundo. Mientras mejor sea nuestro testimonio a otros, más empezarán a escuchar la voz del Señor... y más enriquecedoras y amorosas se volverán nuestras relaciones.

Dios nos habla para nuestro bien, y simplemente para su propio deleite en establecer una relación con nosotros.

9. «Animaos unos a otros, y edificaos unos a otros, así como lo hacéis» (1 Tesalonicenses 5:11). La palabra *edificaos* en este versículo se relaciona con *construcción*, que significa inmueble o estructura impresionante. Dado esto, ¿qué significa *edificarnos*

unos a otros? ¿Cómo podría usted mejorar la comunicación y la relación de alguien más con Dios al edificar a esa persona?

....

....

....

....

....

....

....

....

....

....

....

....

10. «Si alguno dice: Yo amo a Dios, y aborrece a su hermano, es mentiroso. Pues el que no ama a su hermano a quien ha visto, ¿cómo puede amar a Dios a quien no ha visto?» (1 Juan 4:20). ¿Por qué es importante amar a otras personas si de veras queremos amar a Dios? ¿Cómo podría la falta de amor por otros obstaculizar las oraciones y la comunicación individual que usted tiene con Dios?

....

....

....

....

....

....

....

....

....

....

....

....

HOY Y MAÑANA

Hoy: A fin de comunicarme con Dios debo entender la verdad acerca de Él, de mí mismo y de otros.

Mañana: Pasaré tiempo esta semana pidiéndole a Dios que me revele la verdad en mayor medida.

ORACIÓN FINAL

Padre, gracias por la bondad amorosa y la tierna compasión que nos ofreces. ¿Cuántas veces debimos haber tenido una impresión equivocada sobre ti porque no entendimos las formas en que nos hablas hoy día, ya que solo te vemos de la manera en que otros nos enseñaron a verte? Oramos para que el Espíritu Santo utilice este mensaje con la finalidad de despertar, motivar, limpiar y cultivar nuestras vidas. Úsalo, Padre, para obligarnos a seguir buscándote cada día y escuchar tu tierna voz.

OBSERVACIONES Y PETICIONES DE ORACIÓN

Use este espacio para escribir todos los puntos clave, preguntas o peticiones de oración del estudio de esta semana.

CÓMO HA HABLADO DIOS

EN ESTA LECCIÓN

Enseñanza: ¿De qué maneras habla Dios hoy a las personas?

Crecimiento: ¿Cómo puedo aprender a reconocer la voz de Dios?

En las Escrituras encontramos que Dios ha usado una variedad de formas para hablar a su pueblo a lo largo de los siglos. Al parecer hablaba cara a cara diariamente con Adán «al aire del día» en el huerto del Edén (Génesis 3:8). Sin embargo, después que Adán y Eva pecaran y fueran expulsados del huerto, el Señor tuvo que recurrir a otras formas de comunicación con su amada creación.

Al revisar las Escrituras hallamos al menos ocho maneras diferentes en que Dios habló a su pueblo durante los tiempos bíblicos: (1) revelaciones directas, (2) sueños, (3) palabras escritas, (4) profetas, (5) circunstancias, (6) ángeles, (7) Jesucristo y (8) el

Espíritu Santo. En esta lección exploraremos brevemente cada una de estas ocho maneras. Sin embargo, antes de comenzar quiero indicar ante todo que existen dos maneras en que Dios *nunca antes* habló *ni* habla hoy día a su pueblo.

MANERAS EN QUE DIOS NO HABLA A LAS PERSONAS

En primer lugar, Dios no le habla a su pueblo a través de fenómenos naturales. Sé que esta declaración puede parecer extraña, ya que muchos de nosotros afirmamos que nos sentimos más cerca de Dios cuando estamos al aire libre. Soy amante del mundo natural de Dios, y pocas cosas me deleitan tanto como ver la belleza de la naturaleza. Sin embargo, tener sentimientos acerca de la presencia de Dios y su creación no es lo mismo que afirmar que tenemos un mensaje de parte de Dios a través de algún acto de la naturaleza.

Por ejemplo, no podemos observar una erupción volcánica o un huracán y declarar: «Miren lo que Dios está diciendo». Tampoco podemos percibir un patrón en las cenizas de una chimenea y llegar a la conclusión: «Este es un mensaje de Dios». Conozco un individuo que una vez vio una cruz en las nubes mientras volaba en un jet y dedujo que se trataba de una señal de que era salvo. Un destello en el cielo no tiene nada que ver con confesar nuestro estado pecaminoso, recibir el perdón de Dios o creer en Jesucristo y confesarlo como Salvador y Señor, que es el patrón que la Biblia nos da para nuestra salvación.

El mensaje frecuente de Dios en la naturaleza es que Él es ordenado y opera su universo según un propósito, diseño e intención. Vemos en la naturaleza que Dios ama la belleza y provee ampliamente para sus hijos. La naturaleza habla de Dios. Pero esto es muy diferente a que afirmemos: «Dios habla a través de la naturaleza con un mensaje personal para nosotros».

Ahora bien, debemos ser claros en este punto para no malinterpretar cómo Dios *puede* usar medios naturales para confirmarnos su mensaje o revelarnos su cronología. Por ejemplo, en 1 Reyes 18 leemos cómo Elías recibió el mensaje de parte de Dios de que una sequía en la tierra de Israel estaba a punto de terminar. Elías le dijo al rey Acab: «Sube, come y bebe; porque una lluvia grande se oye» (v. 41).

Después de pronunciar estas palabras, Elías envió a su criado a lo alto de una montaña para que mirara hacia el mar. En su séptimo viaje, el criado reportó: «Yo veo una pequeña nube como la palma de la mano de un hombre, que sube del mar». Elías se dio cuenta de que Dios estaba cumpliendo su palabra, y envió un mensaje al rey: «Unce tu carro y desciende, para que la lluvia no te ataje» (v. 44).

Observemos que Elías recibió *primero* el mensaje del Señor y estaba buscando el cumplimiento de ese mensaje. Dios usó un fenómeno natural para confirmar lo que Elías ya sabía. Es crucial ver esta diferencia. Muchas personas cometen un grave error al suponer que Dios les da un mensaje cuando ven desde cierta dirección el giro de una ramita o una brisa. Si tratamos de ver de esta manera el mensaje de Dios, nos encontramos peligrosamente cerca de la práctica de adivinación.

En segundo lugar, Dios no habla a su pueblo a través de prácticas ocultas. Dios condena el acto de adivinación: el intento de discernir su mensaje por medio de cosas tales como el patrón de hojas de té o la posición de las estrellas. Él no habla por medio de astrología o adivinos, a lo que la Biblia llama abominación (ver Hechos 16:16-18). Dios habla fuertemente contra los espíritus que conjuran (como en sesiones espiritistas) y contra cualquier forma de magia que pretenda darnos dirección.

Los hechiceros y adivinos estaban entre aquellos a quienes Dios ordenó a sus hijos que evitaran (ver Deuteronomio 18:10). Debemos alejarnos de cosas como cartas del tarot, tablas ouija, bolas de cristal, hechizos mágicos y demás rituales asociados con el ocultismo. Estos no son métodos que Dios haya usado alguna vez. Sin embargo, están entre los métodos que el enemigo de nuestras almas utilizará para tratar de engañarnos y hacernos creer algo erróneo... mortalmente erróneo.

1. «Los cielos cuentan la gloria de Dios, y el firmamento anuncia la obra de sus manos» (Salmos 19:1). La Biblia muestra que la naturaleza habla de Dios, pero ¿cuán diferente es esto de creer que Él nos habla personalmente a través de la naturaleza?

....

....

....

2. «No os volváis a los encantadores ni a los adivinos; no los consultéis, contaminándoos con ellos» (Levítico 19:31). ¿Cuál es el peligro de tratar de escuchar a Dios por medios como cartas del tarot, médiums y otras prácticas asociadas con el ocultismo?

....

....

....

....

....

....

....

....

....

....

....

DIOS HABLA A TRAVÉS DE REVELACIÓN DIRECTA Y VISIONES

Ahora que hemos examinado algunas maneras en que Dios *no habla*, podemos ver algunas de las formas en que *sí* nos habla. Primera, Dios *habla a través de revelación directa*. Esto puede ser lo que muchas personas modernas relacionan como una voz audible de Dios. También puede entenderse como una fuerte impresión que nos viene en forma inesperada, es absolutamente clara y es muy específica.

Abraham tuvo una revelación directa de parte de Dios, quien le dijo: «Vete de tu tierra [...] a la tierra que te mostraré» (Génesis 12:1). Moisés también tuvo una revelación directa de parte de Dios cuando cuidaba ovejas y vio una «zarza [que] ardía en fuego, y la zarza no se consumía» (Éxodo 3:2). Dios vio que Moisés se había apartado del camino para mirar, y supo que le había captado la atención, por lo que lo llamó de en medio de la zarza. Le dio instrucciones específicas de regresar a Egipto y sacar de la esclavitud a los hijos de Israel. Jesús al parecer también disfrutó en forma continua de revelación directa de parte del Padre (ver Juan 12:49-50).

Dios también habla a través de sueños y visiones. En la Biblia leemos que José tuvo dos sueños notables. En uno se vio y vio a sus hermanos atando manojos en un campo de trigo, y que todos los manojos se inclinaban delante del suyo. En el otro sueño, el sol, la luna y once estrellas se inclinaban ante José (ver Génesis 37:5-10). Tales fueron sueños proféticos acerca de lo que pasaría más tarde en la vida de José.

De igual modo, Daniel tuvo visiones en que Dios le reveló el destino del mundo y los imperios que habrían de venir. José, el esposo de María, tuvo dos sueños notables: en uno se convenció de que debía tomar a María como su esposa y en el otro vio la instrucción divina de llevar a María y a Jesús a Egipto. Pedro tuvo una visión que lo llevó a predicar el evangelio en la casa de Cornelio, extendiendo así el evangelio a todos los gentiles.

Debemos reconocer cuatro elementos acerca de los sueños y visiones como fuente del mensaje de Dios. Primero, los sueños y las visiones que conllevan el mensaje directo de Dios son algo raro. Algunos sueños son de nuestra propia creación, y otros son resultado de información del procesamiento mental. Segundo, no todos los sueños y visiones están destinados a ser contados de manera completa y libre con todos los que están al alcance auditivo. Tercero, en ningún lugar de la Biblia se nos ordena orar por sueños y visiones o pedir a Dios que nos los dé, ya que vienen por iniciativa de Dios. Cuarto, los sueños se confirman por circunstancias externas. Si Dios da sueños o visiones, ¡finalmente se cumplirán!

3. «Vino Jehová y se paró, y llamó como las otras veces: ¡Samuel, Samuel! Entonces Samuel dijo: Habla, porque tu siervo oye» (1 Samuel 3:10). ¿Qué enseña la respuesta de Samuel acerca de cómo deberíamos responder si escuchamos la voz de Dios?

4. «Mientras Pedro pensaba en la visión, le dijo el Espíritu: He aquí, tres hombres te buscan. Levántate, pues, y desciende y no dudes de ir con ellos, porque yo los he enviado» (Hechos 10:19-20). ¿Cómo supo Pedro que la visión que recibió venía de Dios? ¿Cómo le confirmó la visión el Espíritu Santo?

....

....

....

....

....

DIOS HABLA A TRAVÉS DE LA PALABRA ESCRITA Y LOS PROFETAS

Dios habla por medio de la Palabra escrita. En Éxodo 31:18 leemos: «[El Señor] dio a Moisés, cuando acabó de hablar con él en el monte de Sinaí, dos tablas del testimonio, tablas de piedra escritas con el dedo de Dios». Los hebreos estaban entre los primeros pueblos en tener un alfabeto y documentos registrados. La lectura de la Torá, los cinco primeros libros del Antiguo Testamento, ha sido un pilar en los cultos de las sinagogas a través de los siglos.

En tiempos del Nuevo Testamento, la iglesia primitiva difundió los mandamientos de Dios por medio de medios hablados y escritos. Es más, gran parte del Nuevo Testamento se escribió originalmente como cartas de los apóstoles a los variados grupos de creyentes a lo largo del Imperio romano. Los creyentes también documentaron el ministerio y las enseñanzas de Jesús en los Evangelios. Detrás de la Palabra escrita de Dios está la inspiración divina. Pablo escribe: «Toda la Escritura es inspirada por Dios, y útil para enseñar, para redargüir, para corregir, para instruir en justicia, a fin de que el hombre de Dios sea perfecto, enteramente preparado para toda buena obra» (2 Timoteo 3:16-17).

Dios también habla por medio de profetas. En el Antiguo Testamento leemos cómo aquellos que hablaban las palabras de Dios sintieron que tenían pocas alternativas al respecto. El mensaje que recibían era tan abrumador que no podían hacer nada más que declararlo. Isaías lo llamó un «carbón encendido» que le tocó los labios (Isaías 6:6). Jeremías describió que el mensaje de Dios estaba «en mi corazón como un fuego ardiente metido en mis huesos» (Jeremías 20:9).

Los profetas hicieron mucho más que predecir acontecimientos futuros. De cierta manera, sus palabras pueden considerarse proféticas en el sentido que explican lo que estaba mal en los corazones de las personas. Ser profeta significa hablar la verdad de Dios a otros. A veces esa verdad tiene que ver con tendencias o conclusiones futuras. Otras veces se trata de una verdad específica acerca de una circunstancia particular. Aun en otras ocasiones es la declaración de lo que la Palabra de Dios dice. Él sigue hablando hoy día por medio de proclamadores: predicadores, maestros, evangelistas, líderes de estudios bíblicos y otros que proclaman la historia completa de la verdad divina.

Por supuesto, debemos tener cuidado en discernir quién nos dice la verdad. Nuestro recurso principal para discernir a un profeta verdadero de uno falso es la Palabra de Dios. Debemos preguntar: «¿Está este individuo hablándome solo parte de la verdad del Señor sin ninguna de las consecuencias por no hacer caso a la Palabra de Dios? ¿Está diciéndome algo más de lo que puedo encontrar en la Biblia?». De ser así, dicho individuo no es profeta de Dios.

Además, lo que dice un profeta se cumple. Si alguien declara que Dios va a hacer algo y no se lleva a cabo, esa persona es un falso profeta.

5. «Sécase la hierba, marchítase la flor; mas la palabra del Dios nuestro permanece para siempre» (Isaías 40:8). ¿Qué dice este versículo acerca de la capacidad que usted tiene de confiar siempre y continuamente en la Biblia como la fuente de dirección divina para su vida?

....

....

....

....

....

....

....

6. «Amados, no creáis a todo espíritu, sino probad los espíritus si son de Dios; porque muchos falsos profetas han salido por el mundo» (1 Juan 4:1). ¿Qué significa «probar los espíritus»? ¿Por qué es importante discernir si una profecía es de Dios?

....
....
....
....
....
....
....
....
....

DIOS HABLA A TRAVÉS DE CIRCUNSTANCIAS Y MENSAJEROS ANGELICALES

A veces Dios hablará a través de circunstancias. Con frecuencia las circunstancias que Él usa para confirmar su mensaje involucrarán fenómenos naturales. Uno de los ejemplos más notables es la historia de Gedeón, quien no estaba seguro de que era Dios quien le hablaba. Gedeón le pidió al Señor que confirmara su orden de guiar al pueblo en batalla extendiendo un vellón y pidiéndole a Dios que lo humedeciera y que la tierra alrededor estuviera seca la mañana siguiente. Efectivamente, la mañana siguiente el vellón estaba húmedo y la tierra seca. Entonces, Gedeón pidió que el vellón estuviera seco en medio de hierba húmeda. Nuevamente, al hacer lo que le pidió, el Señor le dio a Gedeón la seguridad que necesitaba (ver Jueces 6:36-40).

No recomiendo que alguien condicione a Dios el método que debe usar para confirmar su mensaje. No estamos en condiciones de exigirle a Dios que haga nuestra voluntad antes de obedecerle. Nuestra posición es de confiar en Él y aceptar su Palabra, obedecer y dejarle las consecuencias. Sin embargo, creo que podemos pedirle al Señor que nos confirme su mensaje. Podemos considerar muchos de los milagros en la Biblia como el uso que Él hace de las circunstancias para confirmar las buenas nuevas del evangelio; estas enfatizan los mandatos de Dios y proporcionan un segundo testimonio de que Él ha hablado.

Dios también nos habla por medio de ángeles. La palabra *ángel* en realidad significa «mensajero de Dios». El Señor habló por medio de un ángel a los padres de Sansón, a María, a Pedro y a muchas otras personas en la Biblia. Dios envía ángeles según su voluntad y para sus propósitos. Estos ángeles llegan a las personas sin ser invitados, sin anunciarse y sin que se los espere. En la Biblia vemos que por lo general fueron tan impresionantes en su forma, que sus primeras palabras eran: «No temas». Ellos entregan sus mensajes, que siempre son directos y específicos, y luego se van. No participan en conversaciones triviales, no desarrollan amistad con seres humanos ni ofrecen continua orientación y guía.

Los ángeles aparecen en toda la Biblia, pero casi en todos los casos se presentan a individuos que están aislados de un cuerpo más grande de personas temerosas de Dios. Se muestran a personas que no disponen de otros medios para escuchar el mensaje de Dios. La Biblia se refiere a los ángeles como a «espíritus ministradores» (Hebreos 1:14) a quienes Dios envía para ayudarnos. Pero una vez más, vienen por decisión de Dios y bajo la autoridad del cielo. No aparecen cuando creemos que necesitamos ayuda, sino solo cuando Dios decide mandarlos.

Es importante observar que los ángeles no son seres humanos fallecidos, sino que pertenecen a un orden diferente de creación. Las personas no se convierten en ángeles al morir e ir al cielo. Los creyentes somos santos, y las Escrituras nos dicen que los santos gobernaremos un día sobre los ángeles, aunque actualmente tenemos menos poder y sabiduría que ellos. Los ángeles son estrictamente siervos de Dios. Nosotros somos hijos del Padre celestial todopoderoso.

7. «¿Cómo escaparemos nosotros, si descuidamos una salvación tan grande? La cual, habiendo sido anunciada primeramente por el Señor, nos fue confirmada por los que oyeron, testificando Dios juntamente con ellos, con señales y prodigios y diversos milagros y repartimientos del Espíritu Santo según su voluntad» (Hebreos 2:3-4). Según estos versículos en el libro de Hebreos, ¿cuál es el propósito de Dios en usar a veces «señales y prodigios»?

....

....

....

....

....

....

....

....

....

....

8. «¿No son todos [los ángeles] espíritus ministradores, enviados para servicio a favor de los que serán herederos de la salvación?» (Hebreos 1:14). De acuerdo con este versículo, ¿cuál es la función de los ángeles?

....

....

....

....

....

....

....

....

....

....

Dios habla por medio de Jesús y el Espíritu Santo

Dios nos habla por medio de su Hijo. Jesús es para nosotros el Verbo supremo de Dios, un Verbo que apareció en forma carnal en esta tierra. Él simboliza todo lo que Dios desea decirnos, y todo lo que debemos saber acerca de la naturaleza divina, de nuestra propia naturaleza y de la relación que Dios desea que tengamos con Él y unos con otros. Jesucristo es la expresión plena de Dios respecto al amor, la santidad, el poder y la relación. Como Jesús mismo declaró, Él es «el camino, y la verdad, y la vida» (Juan 14:6).

Si tenemos alguna duda sobre lo que Dios quiere que hagamos en una situación particular, simplemente observemos la vida de Jesús. Hagamos lo que hizo. Si tenemos alguna duda sobre cómo responder a una situación, solo miremos a Jesús. Imitémoslo. En lo único en que no debemos ser como Jesús es en morir como sacrificio por los pecados del mundo. Jesús hizo eso una vez... *definitivamente*. «Con una sola ofrenda hizo perfectos para siempre a los santificados» (Hebreos 10:14). No somos salvadores de nadie, ya que solo Jesús pagó ese precio. Sin embargo, estamos llamados a llevar nuestra cruz a diario y seguir al Señor (ver Marcos 8:34), derramando la esencia misma de nuestra vida a fin de llevar a otros hacia Él.

Dios ha hablado por medio de la vida de Jesucristo. Él es el cumplimiento perfecto de todos los mandamientos y las leyes divinas. Jesús es la Palabra de Dios hecha carne.

Finalmente, Dios nos habla a través de la obra del Espíritu Santo. En la próxima lección analizaremos esto con mayor profundidad, pero por ahora debemos reconocer que Dios habla a cada creyente a través de su Espíritu Santo. «El Señor es el Espíritu; y donde está el Espíritu del Señor, allí hay libertad» (2 Corintios 3:17). ¡Qué seguridad debería darnos eso! Tenemos en todo momento acceso directo e inmediato a la opinión de Dios. Tenemos a nuestra disposición el consejo pleno de Dios. Tenemos su presencia morando dentro de nosotros para dirigirnos, guiarnos, consolarnos, animarnos, corregirnos y alentarnos. El Espíritu Santo es realmente «Dios con nosotros».

9. «Aquel Verbo fue hecho carne, y habitó entre nosotros (y vimos su gloria, gloria como del unigénito del Padre), lleno de gracia y de verdad» (Juan 1:14). ¿En qué sentido es Jesús la encarnación de la Palabra de Dios? ¿Cuáles son las implicaciones de esta verdad?

....

....

....

10. «Yo rogaré al Padre, y os dará otro Consolador, para que esté con vosotros para siempre: el Espíritu de verdad, al cual el mundo no puede recibir, porque no le ve, ni le conoce; pero vosotros le conocéis, porque mora con vosotros, y estará en vosotros» (Juan 14:16-17). ¿Cómo describió Jesús la obra del Espíritu Santo? ¿Por qué es significativo que el Espíritu Santo, al cual el mundo no puede recibir, more dentro del creyente?

....
....
....
....
....
....
....
....
....
....
....
....
....
....

HOY Y MAÑANA

Hoy: El Señor usó en la Biblia muchos medios para hablar a sus seguidores, y todavía los usa para hablarnos hoy.

Mañana: Le pediré al Señor que me ayude a escuchar su voz y a ser receptivo para recibir lo que tiene que decirme.

ORACIÓN FINAL

· ·

Señor, decidimos escuchar tu voz y oír de ti, el Dios de la Biblia. Gracias por mostrarnos las muchas maneras en que has hablado a tus seguidores en el pasado... y aún sigues hablándoles hoy día. Vemos que eres nuestro Padre amoroso, amigo íntimo, maestro paciente, guía amable, proveedor generoso, defensor fiel y consejero comprensivo. Ayúdanos a escuchar siempre tu voz, a comprender lo que dices y a seguir tu dirección.

OBSERVACIONES Y PETICIONES DE ORACIÓN

Use este espacio para escribir todos los puntos clave, preguntas o peticiones de oración del estudio de esta semana.

Principales maneras en que Dios habla hoy

EN ESTA LECCIÓN

Enseñanza: ¿Qué significa escuchar la voz del Espíritu Santo en mi vida?

Crecimiento: ¿De qué modo usa Dios a otros para hablarme?

En la última lección exploramos ocho maneras en que Dios ha hablado a hombres y mujeres a lo largo de los siglos. No debemos limitar a Dios en los métodos que utiliza para hablarnos, pero desde mi experiencia y mis observaciones creo que existen tres formas principales que Dios usa para hablarnos hoy: (1) a través de su Palabra, (2) a través de su Espíritu Santo y (3) por medio de otros creyentes en Cristo Jesús. Aquellos que desean escuchar de Dios y que quieren colocarse en la mejor posición para escuchar de Él seguirán el mensaje divino por medio de estos tres métodos. A través de estos medios Dios habla de manera rutinaria, diaria y constante a todos aquellos que lo buscan.

ESCUCHAMOS A DIOS POR MEDIO DE LA BIBLIA

La Biblia es la Palabra de Dios y es el modo principal en que Él se comunica con nosotros. En su Palabra tenemos la revelación completa de Dios. Él no necesita añadir algo más a este libro. A través de los siglos la revelación de Dios fue una verdad revelada por Él sobre sí mismo, y en Jesús se cumplió esa verdad. Como el Señor dijera de sí mismo, no vino a cambiar nada acerca de la ley o los mandamientos; al contrario, con el ejemplo de su vida vino a mostrarnos cómo vivir plenamente el plan de Dios en nuestras vidas (ver Mateo 5:17).

La Palabra de Dios es para todas las personas, porque habla de la condición humana básica. La Biblia aborda cada emoción, toda dinámica de relación humana, cada problema del corazón, todo aspecto del alma, cada tentación o deseo, toda angustia o alegría y cada asunto de fe, amor o esperanza. En el Antiguo Testamento tenemos las leyes y los mandamientos de Dios, con ejemplos de cómo Él obra en relación a su propia ley y a lo que sucede cuando obedecemos o desobedecemos esa ley. Tenemos canciones y poesía que nos hablan de la naturaleza de Dios, de la naturaleza de las personas y de la naturaleza de la relación que Él desea tener con cada uno de nosotros. Tenemos promesas de la presencia de Dios.

En el Nuevo Testamento aprendemos cómo el Señor nos dio a su Hijo, Jesucristo, para vivir el plan divino delante de nosotros. Él se convirtió en nuestro modelo a imitar, en nuestro mentor y finalmente en nuestro Salvador y en la puerta a través de la cual ingresamos a la vida eterna. Vemos lo que les sucedió a los primeros discípulos cuando recibieron el Espíritu Santo prometido y comenzaron a vivir en medio de su sociedad la misma vida de Cristo Jesús. Encontramos enseñanzas que nos muestran de qué manera el Espíritu Santo nos permite llevar una vida que agrada a Dios. ¡La Biblia cubre todo eso! Siempre que vamos a las Escrituras, Dios nos hablará de manera directa, personal, íntima y eficaz.

1. «Nunca se apartará de tu boca este libro de la ley, sino que de día y de noche meditarás en él, para que guardes y hagas conforme a todo lo que en él está escrito; porque entonces harás prosperar tu camino, y todo te saldrá bien» (Josué 1:8). ¿Qué pasos debemos seguir para encontrar ayuda de la Palabra de Dios? ¿Cuáles son los beneficios?

....

....

....

....

....

....

....

2. «Mira que te mando que te esfuerces y seas valiente; no temas ni desmayes, porque Jehová tu Dios estará contigo en dondequiera que vayas» (v. 9). ¿Por qué sugiere el Señor que se le requirió a Josué esfuerzo y valor para seguir la Palabra?

....

....

....

....

....

....

BÚSQUEDA DE RESPUESTAS EN LA PALABRA DE DIOS

Cuando oramos y buscamos la guía de Dios respecto a una decisión, debemos proceder con audacia mientras pedimos su sabiduría. En respuesta, a menudo el Señor nos dirigirá a un pasaje particular de la Biblia que hayamos encontrado en nuestra lectura bíblica diaria. Él nos hará recordar su verdad sobre el asunto.

Si no escuchamos de Dios sobre cómo exactamente proceder, empecemos leyendo las palabras de Jesús. A medida que leemos podríamos sentirnos intrigados con una línea particular de pensamiento, o atraídos a una palabra o frase particular. Tal vez en ese momento deseemos usar una concordancia para descubrir otros lugares en la Palabra de Dios en que se usa esa expresión o frase. En muchos casos he descubierto que, en una circunstancia dada, Dios no me llevará directamente a un pasaje que contenga verdad. Más bien, a medida que sigo leyendo y estudiando, Dios me guiará paso a paso a la información que quiere que yo vea con nueva perspectiva espiritual.

Finalmente, llegaremos a un pasaje en la Biblia que se relaciona directamente con el tema de nuestro interés, y que podría tratar con nuestra experiencia en una manera que nos parezca extraña o muy conocida. O el pasaje podría tratar con un principio. Podríamos encontrar los conceptos clave que hablan a nuestra necesidad. A medida que oramos y leemos, confiemos en que el Espíritu Santo despierte nuestro espíritu a su verdad. Podríamos sentir esto como una calidez interior o como una gran sensación de plenitud respecto a un versículo particular. En ocasiones las palabras en la página de nuestra Biblia podrían parecer que sobresalen como si estuvieran escritas en titulares con negrita. Otras veces es posible que no podamos quitarnos de encima un pasaje particular que recordamos una y otra vez, y que parece que no podemos arrancar de la memoria.

No limitemos nuestra búsqueda de la Palabra de Dios a momentos de crisis o necesidad. Leamos a diario su Palabra, porque cuando hacemos esto es que Dios nos dirige, nos desafía, nos advierte, nos consuela y nos da seguridad. Leer la Biblia diariamente es como un cuidado preventivo de salud espiritual. ¡Cuánto mejor es desviar una dificultad o enfrentar un asunto antes que se convierta en un problema!

Dios nos refinará poco a poco en nuestra lectura diaria, transformando siempre las reacciones y los pensamientos que tenemos para que se asemejen a los de Jesús. Comenzaremos a almacenar en la memoria la Palabra de Dios, casi como si estuviéramos haciendo depósitos diarios en un banco, y así el Espíritu Santo podrá recordarnos los mensajes de la Biblia. No dejemos de leer a diario la Palabra de Dios. Vayamos a la Biblia como el alimento eterno para nuestra alma eterna. Jesús declaró: «Buscad, y hallaréis» (Mateo 7:7).

3. «Si alguno de vosotros tiene falta de sabiduría, pídala a Dios, el cual da a todos abundantemente y sin reproche, y le será dada. Pero pida con fe, no dudando nada; porque el que duda es semejante a la onda del mar, que es arrastrada por el viento» (Santiago 1:5-6). ¿Por qué requiere el Señor que tengamos fe cuando le pedimos sabiduría? ¿Por qué tener dudas nos impedirá obtener sabiduría divina?

....

....

....

....

....

....

....

4. ¿En qué áreas necesita usted sabiduría esta semana? (Escriba a continuación esas necesidades y luego pídale al Señor que le conceda sabiduría).

....

....

....

....

....

....

....

ESCUCHAR AL ESPÍRITU SANTO

Al andar a diario en el Espíritu y rendirnos a su poder, tenemos el derecho y privilegio de esperar cualquier cosa que necesitemos escuchar de Dios. Por fe podemos pedir su presencia, dirección y guía. En el Padrenuestro leemos cómo Jesús mostró esta dependencia diaria en el Espíritu Santo: «No nos metas en tentación, mas líbranos del mal» (Mateo 6:13). Creo que así es como el Espíritu Santo nos guía. Él dice *no* a todo lo que nos perjudicaría, y así nos libra del mal y la tentación. También declarará a nuestro corazón un *sí* a todo lo que nos acarreará bendiciones.

En el Antiguo Testamento, cuando hombres como el rey David consultaban al Señor, la pregunta casi siempre se ponía en tal manera que la respuesta era *sí* o *no*. Creo que es mucho más fácil recibir la dirección del Espíritu Santo al pedir un consejo tipo sí-o-no que decir en términos generales: «¿Qué quieres que yo haga?». Al preguntar, sentiremos en nuestro espíritu su mensaje de respuesta. Por lo general, tendremos una sensación de entusiasmo y un deseo ansioso marcados con gran gozo y libertad, o experimentaremos una sensación de aprensión, peligro, cautela o necesidad de silencio.

Específicamente, la Biblia enseña que el Espíritu Santo nos guiará y nos brindará el consejo de Dios en cuatro maneras principales. *Primera, el Espíritu Santo nos recordará lo que Dios ha dicho y hecho por nosotros en el pasado (incluido el mensaje del Señor para nosotros en las Escrituras y a través de la vida de Jesús)*. Jesús les dijo a sus discípulos que el Espíritu Santo daría testimonio de Él (ver Juan 15:26-27). En otras palabras, el Espíritu Santo les recordaría todo lo que Jesús dijo e hizo y lo que era apropiado para las vidas de ellos. Así que pidamos al Espíritu Santo que nos recuerde continuamente lo que Jesús diría y haría si estuviera hoy en nuestras circunstancias.

Segunda, el Espíritu Santo nos dará las palabras que debemos decir. Jesús advirtió en cierta ocasión a sus discípulos que serían llevados ante los magistrados y las autoridades por ser seguidores de Él. Pero luego los animó, explicándoles que el Espíritu Santo les enseñaría qué decir en tales momentos de crisis o cuestionamiento. De igual modo debemos hacer una oración para que el Espíritu Santo nos dé las palabras cuando enfrentemos momentos difíciles y no sepamos qué decir. Podemos confiar en que Dios proveerá palabras tan ciertamente como podemos confiar en que satisfacerá nuestras demás necesidades. A veces el Espíritu Santo incluso puede aconsejarnos que permanezcamos en silencio.

Tercera, el Espíritu Santo nos otorgará dirección en cuanto a dónde ir. En el libro de Hechos leemos cómo el apóstol Pablo iba en camino a Asia cuando el Espíritu Santo le habló y le impidió que ingresara a la región. «Atravesando Frigia y la provincia de Galacia, les fue prohibido por el Espíritu Santo hablar la palabra en Asia; y cuando llegaron a Misia, intentaron ir a Bitinia, pero el Espíritu no se lo permitió» (Hechos 16:6-7). En lugar de eso, el Espíritu Santo dirigió a Pablo a difundir el evangelio en Macedonia. Así mismo podemos confiar en que el Espíritu Santo nos mostrará la dirección correcta.

Cuarta, el Espíritu Santo guiará nuestra oración. Pablo escribió: «[El Espíritu Santo] conforme a la voluntad de Dios intercede por los santos» (Romanos 8:27). Si no sabemos cómo orar, pidámosle al Espíritu Santo que interceda por nosotros y a través de nosotros ante el Padre. Así es como podemos saber que estamos orando siempre en la voluntad de Dios. Luego esperemos en silencio que nos recuerde varios aspectos de la situación o necesidad de una persona específica. Podrían sorprendernos las cosas por las que el Espíritu Santo nos pide orar, cosas en que nunca antes habíamos pensado.

5. «De igual manera el Espíritu nos ayuda en nuestra debilidad; pues qué hemos de pedir como conviene, no lo sabemos, pero el Espíritu mismo intercede por nosotros con gemidos indecibles» (Romanos 8:26). ¿Cuándo ha estado usted en una situación en que no supo qué decir? ¿Le pidió a Dios que le diera las palabras adecuadas? ¿Qué sucedió?

6. ¿Cuándo pidió usted la guía del Espíritu Santo en su vida? ¿Cómo descubrió que sus acciones fueron guiadas por Él?

Escuchar la Palabra por medio de otros creyentes

Dios utiliza a menudo otros individuos para hablarnos. Algunos pueden ser desconocidos por completo. Otros pueden ser amigos o miembros de nuestra familia inmediata. Usará pastores, maestros y líderes de estudios bíblicos. En mi propia vida he tenido el privilegio de recibir el sabio consejo de muchas personas de fe a quienes admiro y respeto.

En cierto momento me sentí dirigido a convocar a varios hombres a quienes podía abrirles totalmente el corazón y participarles las heridas más profundas de mi vida. Me escucharon con amor y compasión. Entonces les dije: «Haré lo que me digan que haga». Me dieron consejo que era realmente sabiduría divina, y cuando oraron por mí, Dios irrumpió en algunas de las áreas secretas de mi corazón y me curó en maneras que incluso no había sabido que fueran posibles. Experimenté el amor de Dios en forma personal y con tan gran calidez y aprobación que no he sido el mismo desde entonces. El Señor usó a esos hombres para expresarme verdad y ser la voz divina para mí.

Dios nos dará un consejo a través de las palabras de otros creyentes, y a veces puede usarlos para darnos mensajes de amonestación. También debemos estar dispuestos a recibir tales mensajes, ya que a veces estos individuos podrán ver con mayor claridad las equivocaciones que estamos a punto de cometer o que hemos cometido. Sin embargo, cuando nos disponemos a escuchar el mensaje de Dios por medio de otras personas debemos tener en cuenta lo siguiente:

- *Asegurémonos de que el consejo esté totalmente alineado con la Palabra escrita de Dios.* Él no se olvida de lo que ha dicho. No se contradice. Si un mensaje proviene del Señor, será coherente con lo que ya reveló en la Biblia y en la vida de su Hijo Jesucristo.

- *Asegurémonos de que la persona que da el consejo no tenga motivos ocultos.* Si estamos confundidos, con dolor o en necesidad, estamos sujetos más que en otros momentos a ser manipulados. Por tanto, asegurémonos de que la persona que nos aconseja no quiera algo de nosotros ni esté tratando de manipularnos para sus propios intereses. Asegurémonos también de que la persona dirija toda alabanza y acción de gracias al Señor Jesús.

- *Asegurémonos de que el mensaje no incluya algo que podría perjudicar a alguien más.* Dios no motiva que alguno de sus hijos sea bendecido o que prospere a expensas de otro. Tampoco pone a alguien en una situación que causará dolor, pérdida o sufrimiento a otra persona. Si alguien nos aconseja que tomemos medidas que perjudicarán a otros (su reputación, propiedades, relaciones, crecimiento espiritual) no aceptemos dicho consejo. No se trata de un buen consejo.

- *Asegurémonos de que el mensaje sea para nuestro bien definitivo y eterno.* Dios no negocia ganancias de corto plazo con desastres de largo plazo. Siempre nos habla en una manera que nos prepara para la eternidad con Él. Así que si alguien nos da un consejo que parezca traer gran bendición inmediata, pero conlleva el riesgo de un perjuicio a largo plazo, rechacemos el consejo. El mensaje de Dios siempre es coherente a lo largo del tiempo.

Recordemos que prácticamente todos nosotros en primera instancia llegamos a creer en Cristo Jesús porque alguien más nos habló de Él. Pocos tienen una revelación directa de parte de Jesús. La mayoría de nosotros escuchamos la Biblia predicada en tal manera que nos obliga a creer que Jesús es el Mesías, o escuchamos el testimonio de la relación que una persona tiene con Él. Lo mejor que podemos hacer es hablar con otros de lo que Jesucristo hizo por nosotros en la cruz.

7. «Donde no hay dirección sabia, caerá el pueblo; mas en la multitud de consejeros hay seguridad» (Proverbios 11:14). ¿Cuál es el beneficio de los consejeros sabios que hablan la verdad a nuestra vida?

....
....
....
....
....
....

8. «Examinadlo todo; retened lo bueno» (1 Tesalonicenses 5:21). ¿De qué manera ha probado usted el consejo que ha recibido de otros creyentes en Cristo?

....

....

....

....

....

....

ESCUCHAR A DOS O MÁS TESTIGOS

Busquemos a Dios para confirmar su Palabra. Él puede dirigirnos a dos o más pasajes de la Biblia que transmitan el mismo significado. También puede hacer que escuchemos un sermón o una lección bíblica que esté completamente de acuerdo con lo que ha dicho en su Palabra. Dios puede traer un total desconocido hasta nosotros que nos dé un mensaje que parezca asombrosamente objetivo con el sermón que escuchamos la semana pasada. Puede usar a un amigo que nos hable o nos dirija a un versículo de la Biblia. Estos variados mensajes para nosotros son parte del plan de seguridad de Dios de que es Él quien está hablando y desea que recibamos el mensaje sin cuestionar ni dudar.

9. «No se tomará en cuenta a un solo testigo contra ninguno en cualquier delito ni en cualquier pecado, en relación con cualquiera ofensa cometida. Sólo por el testimonio de dos o tres testigos se mantendrá la acusación» (Deuteronomio 19:15). ¿Por qué exigió Dios que su pueblo tuviera dos testigos para establecer la culpa de una persona? ¿Por qué no solo un testigo del hecho?

....

....

....

....

....

10. ¿En qué ocasiones Dios le confirmó a usted un mensaje por medio de dos o más testigos? ¿De qué manera discernió usted que el mensaje venía de Dios?

....

....

....

....

....

....

....

HOY Y MAÑANA

Hoy: Dios nos habla hoy día por medio de su Palabra, del Espíritu Santo y de las palabras de otros creyentes.

Mañana: Pasaré tiempo cada día de esta semana leyendo la Biblia y orando.

ORACIÓN FINAL

Padre, te pedimos que nos enseñes a escuchar tu voz por medio de tu Palabra, del Espíritu Santo que mora en nosotros como creyentes y de las palabras de otros cristianos. Oramos para que esta verdad transforme nuestras vidas y para que declaremos esta verdad a los demás. Oramos para que nos uses, Señor, para difundir tus mensajes en las vidas de otros. Queremos llevar personas a ti.

OBSERVACIONES Y PETICIONES DE ORACIÓN

Use este espacio para escribir todos los puntos clave, preguntas o peticiones de oración del estudio de esta semana.

Cómo nos llama Dios la atención

EN ESTA LECCIÓN

Enseñanza: ¿Qué medios utiliza Dios para captar mi atención?

Crecimiento: ¿Qué propósito tiene Dios para usar estos medios en mi vida?

Cuando andamos en el Espíritu, atentos a Dios, escucharemos lo que nos dice como parte natural de nuestro caminar espiritual. La vida cristiana tiene que ver con vivir intensamente sensibles a la voz de Dios en cualquier manera que Él decida hablarnos. Podemos tener nuestra atención puesta en una persona, una tarea o una idea, pero al mismo tiempo estar tan sintonizados con la voz de Dios que si Él habla, le prestaremos atención de inmediato.

Desdichadamente, también hay ocasiones en que optamos por hacer las cosas a nuestra manera. Como resultado, nos dirigimos en una dirección que nos llevará a desastre o desilusión. Dios habla, pero no lo escuchamos. No estamos sintonizados con Él. Durante estas ocasiones Dios puede usar medios excepcionales para hacer que le prestemos atención, y entre ellos sobresalen cuatro: (1) un espíritu inquieto, (2) un mensaje no solicitado de parte de otra persona, (3) circunstancias extraordinarias, tanto buenas como malas y (4) oraciones sin respuesta.

Al mirar hacia atrás en nuestra vida, casi siempre encontramos épocas en las que Dios captó nuestra atención por medio de uno de estos métodos. Su pinchazo pudo haber sido profundo o superficial, pero, independientemente de la intensidad de su llamado de atención, ¡despertamos! Y una vez despiertos estuvimos más que dispuestos a escuchar lo que nos decía.

Al comenzar esta lección debemos estar conscientes de que Dios usa estos métodos para hacer que le prestemos atención, pero que no necesariamente tienen un significado en sí mismos. En otras palabras, no debemos concluir que debido a que nuestro espíritu está inquieto nos hallamos en la senda correcta o equivocada. He conocido individuos que llegaron a la conclusión de que si tenían cierta cantidad de energía nerviosa respecto a algo, esto debía ser correcto. También he conocido otros que automáticamente decidieron que si se sentían agitados en sus espíritus, estaban pecando.

Un espíritu inquieto es simplemente un llamado de atención: es el *mensaje* lo que importa. Sin duda, nuestra conciencia puede molestarnos respecto a un asunto y hacer que nos sintamos alterados en nuestro espíritu, pero la sensación de malestar no es el mensaje. Nuestra conciencia se basa en nuestra comprensión de lo bueno y lo malo, y esa comprensión se basa correctamente en la verdad que se halla en la Biblia.

En un asunto similar, tratamos circunstancias particulares como un espíritu intranquilo. Las grandes bendiciones en nuestra vida no son un mensaje automático de que Dios está agradado con nosotros. Es más, el mensaje que sigue de tal efusión tal vez no sea que Dios esté complacido, sino que desea que hagamos algo con esas bendiciones. De igual manera, no debemos ver una tragedia como maldición de Dios sobre nosotros. Más bien, debemos percibirla como una oportunidad de presentarnos ante Dios para escuchar lo que tiene que decir en medio de nuestra necesidad.

En cuanto a la oración, a veces podemos estar tan ansiosos por escuchar la respuesta que queremos, que no escuchamos la respuesta de Dios. Podríamos percibir en estos casos que nuestra oración no ha recibido respuesta. Sin embargo, esta percepción no es exacta y puede llevarnos a una nueva pregunta: «Dios, ¿por qué no tengo noticias tuyas?». Si esa pregunta se hace en forma sincera y de búsqueda espiritual, puede llevarnos a la posición en que *sí* escucharemos la voz de Dios.

1. «Digo, pues: Andad en el Espíritu, y no satisfagáis los deseos de la carne» (Gálatas 5:16). ¿Qué significa «andar en el Espíritu»? ¿Por qué requiere esto que estemos sintonizados con lo que Dios dice a medida que pasamos el día?

   ....
   ....
   ....
   ....
   ....
   ....
   ....
   ....
   ....
   ....

2. ¿Por qué es importante reconocer un espíritu inquieto, un mensaje no solicitado, circunstancias extraordinarias y oraciones sin respuesta como simples «llamados de atención» de parte de Dios? ¿Qué sucede cuando estos mecanismos se confunden con el mensaje que Dios quiere darnos?

   ....
   ....
   ....
   ....
   ....
   ....
   ....
   ....
   ....

Inquietud de espíritu

El libro de Ester nos presenta un ejemplo excelente en que Dios utiliza un espíritu inquieto para captar la atención de una persona. El rey Asuero había sido engañado por Amán, su primer ministro. Amán odiaba a los judíos (especialmente al pariente de la reina Ester, Mardoqueo) por lo que engañó al rey para que firmara un edicto por medio del cual se aniquilaría a todo el pueblo judío.

Pero después que el rey firmó la proclamación, no pudo dormir. Es más, su espíritu se inquietó tanto que mandó «que le trajesen el libro de las memorias y crónicas, y que las leyeran en su presencia» (Ester 6:1). El rey descubrió en esa noche de insomnio que Mardoqueo le había salvado antes la vida al informar un complot para asesinarlo, y decidió honrar a Mardoqueo por sus acciones. Al final de la historia se descubrió el complot contra los judíos, y Amán resultó ahorcado.

En mi vida he descubierto que Dios usa frecuentemente una inquietud persistente para dirigirme. Al mirar hacia atrás en mi ministerio, puedo ver claramente que cada vez que Dios me movía de un pastorado a otro, de antemano causaba inquietud en mí durante varios meses. Esta inquietud me llevaba a buscarlo a fin de que, cuando llegara el momento, yo estuviera listo para escucharlo.

Un espíritu intranquilo no es simplemente un caso de nervios. Este tipo de inquietud se origina en el aspecto más profundo de nuestro ser, en parte como expectación y en parte como inquietud. Persiste en el tiempo. Cuando tenemos esta sensación, lo mejor que podemos hacer es detenernos y preguntar al Señor qué intenta decirnos. Pasemos aún más tiempo en la Palabra y en oración. No intentemos hacer de lado el sentimiento o dedicarnos a alguna actividad solo para mantenernos atareados y tener la mente ocupada. Hagamos todo lo contrario. Optemos por un momento de ayuno (de alimentos, actividades, tiempo o una combinación de estas cosas). Dediquemos un tiempo (quizás un fin de semana o incluso una semana o dos) a estar en silencio delante del Señor a fin de poder escuchar claramente de Él.

3. «Al Señor busqué en el día de mi angustia; alzaba a él mis manos de noche, sin descanso; mi alma rehusaba consuelo. Me acordaba de Dios, y me conmovía; me quejaba, y desmayaba mi espíritu» (Salmos 77:2-3). ¿Cuál es la causa del espíritu inquieto del salmista en estos versículos? ¿Cuál es el resultado de su inquietud?

....

....

....

....

....

4. ¿Cuándo ha experimentado usted esta clase de inquietud en su espíritu? ¿Qué descubrió que Dios intentaba comunicarle durante ese tiempo?

....

....

....

....

....

UN MENSAJE DE PARTE DE OTRAS PERSONAS

A ninguno de nosotros nos gusta oír un mensaje de amonestación de parte de otros. Podemos *decir* que apreciamos recibir mensajes de corrección o advertencia, pero la verdad es que por lo general nos sentimos incómodos cuando los recibimos. No nos gusta escuchar acerca del pecado o sus consecuencias... especialmente si la persona habla de *nuestro* pecado.

En la Biblia leemos cómo el rey David cometió pecado de adulterio con una mujer llamada Betsabé, y posteriormente pecó al mandar asesinar a Urías, el esposo de ella. Después de cometer estas acciones, David al parecer continuó su reinado sin ninguna evidencia visible de sentirse culpable (ver 2 Samuel 11:1-26). Pero luego leemos: «Jehová envió a Natán [el profeta] a David; y viniendo a él, le dijo» (2 Samuel 12:1). David necesitaba desesperadamente escuchar lo que Natán le dijo, pero esta no fue una experiencia agradable para el rey.

Por supuesto, no todos los mensajes de otras personas son negativos. Recuerdo que una vez recibí un mensaje de aliento de alguien que era casi un desconocido para mí. Yo no esperaba en absoluto el cumplido o mensaje de afirmación, pero lo necesitaba con desesperación en ese momento. La declaración no fue en respuesta a algo que yo hubiera dicho o hecho a esa persona, ¡y su mensaje positivo fue tan específico y directo que me tomó por sorpresa! Cuando le pregunté a Dios al respecto, me hizo ver que yo le importaba tanto que utilizó a la otra persona para darme el recado, ¡a fin de inquietarme y que prestara atención!

En ocasiones podemos hacer caso omiso a tales cumplidos o mensajes de aprecio. Pero recordemos que estas palabras de bendición también pueden ser una manera en que Dios nos llama la atención, para que veamos nuestro verdadero valor delante de sus ojos. Quien no puede recibir agradecimientos sinceros o mensajes de afirmación a menudo necesita una edificación positiva como esa. Por el contrario, quien no puede recibir críticas o reproches está destinado al fracaso.

En cualquier caso, debemos tener mucho cuidado de que otros no nos despisten con sus palabras. Las personas pueden usar adulación o amenazas veladas, o incluso versículos y pasajes bíblicos para hacer que satisfagamos sus deseos o hagamos su voluntad, todo en el nombre de Dios. Por tanto, y nuevamente, cuando alguien se nos acerque con un mensaje de parte de Dios, echemos una mirada tanto al mensaje como al mensajero. Debemos sopesar lo que la persona dice, y luego ir a la Palabra de Dios y pedirle al Señor que nos hable directamente. Contemos el elogio o la amonestación solo como un llamado de atención que nos lleva a buscar a Dios.

A veces el mensaje que nos llega será de información. Podríamos quedar perplejos, frustrados o preocupados por lo que escuchamos. En estas ocasiones, volvámonos a Dios. Veamos lo que Él quiere decirnos respecto a la situación, si debemos actuar y, de ser así, en qué manera y cuándo. Esto es lo que Nehemías hizo cuando Hanani, uno de sus hermanos, llegó de Judá con un informe sobre la angustia de los habitantes de Jerusalén y sobre el estado destruido de los muros y las puertas de Jerusalén (ver Nehemías 1:1-11).

El mensaje que recibimos de alguien puede representar una necesidad en el reino de Dios, el apuro de compañeros creyentes o una petición específica de ayuda para extender el evangelio. Si nuestro corazón se conmueve por el asunto, o si nos parece imposible deshacernos del mensaje que hemos escuchado, llevemos el asunto delante del Señor para escuchar lo que Él tiene que decirnos en cuanto a maneras en que deberíamos participar.

5. ¿En qué ocasión se le acercó alguien con un mensaje de parte del Señor respecto a la vida que usted lleva? ¿Qué hizo? ¿Cuál fue el resultado?

....

....

....

....

....

6. «El camino del necio es derecho en su opinión; mas el que obedece al consejo es sabio» (Proverbios 12:15). ¿Qué beneficios ha recibido usted al prestar atención al sabio consejo de otros?

....

....

....

....

....

....

CIRCUNSTANCIAS EXTRAORDINARIAS

Nuestras circunstancias nos pueden abrir el corazón a Dios y dirigir nuestra atención hacia Él. En mi ministerio he visto numerosos ejemplos de enfermedades, accidentes, bancarrotas, divorcios y otros momentos de dificultad que han puesto a las personas de rodillas y las han llevado a una confianza total en Cristo. A veces esto ha ocurrido por primera vez en sus vidas, y otras veces ha sido para una renovación de entrega y compromiso. Con frecuencia estas circunstancias llevaron a los individuos a cuestionar la vida y buscar respuestas. Esto a su vez los llevó hasta su amoroso Padre celestial, quien tuvo una mayor oportunidad de hablarles.

Cuando surjan problemas, nuestra primera respuesta nunca debería ser: «¿Por qué, Dios?», o: «¿Por qué a mí, Dios?». En la mayoría de los casos no existe una buena respuesta a tales preguntas. Más bien, nuestra primera respuesta debería ser: «Dios, ¿qué tienes que decirme en medio de esto?». Él hablará.

Circunstancias poco comunes también pueden venir en forma de bendiciones, que es sin duda el método de llamado de atención que más disfruto. El apóstol Pablo describió esta forma de bendición cuando escribió: «¿Menosprecias las riquezas de su benignidad, paciencia y longanimidad, ignorando que su benignidad te guía al arrepentimiento?» (Romanos 2:4). Las bendiciones que Dios trae pueden ser espirituales o financieras, o pueden involucrar nuestro hogar o vocación. Dios simplemente parece amontonar bendiciones, y si no tenemos cuidado podríamos suponer que tenemos derecho a usarlas en cualquier manera que deseemos.

En cambio, preguntémosle al Señor *por qué* está bendiciéndonos tan abundantemente. Puede que Él tenga un plan especial para que usemos tales bendiciones en la promoción de su reino. Si no somos sensibles a este plan de Dios, ¡podríamos perder una bendición aún mayor en el futuro!

7. «He aquí Jehová que pasaba, y un grande y poderoso viento que rompía los montes, y quebraba las peñas delante de Jehová. [...] Y tras el viento un terremoto. [...] Y tras el terremoto un fuego. [...] Y tras el fuego un silbo apacible y delicado» (1 Reyes 19:11-12). ¿Qué circunstancias utilizó el Señor para llamar la atención de Elías?

....

....

....

....

....

....

....

8. ¿Cuándo lo llevó a usted un conjunto de circunstancias a buscar a Dios en una manera nueva? ¿Qué sucedió como resultado?

....

....

....

....

....

....

ORACIÓN NO CONTESTADA

Cuando parece que Dios contesta todas nuestras oraciones puede ser fácil volvernos complacientes y comenzar a «viajar» por la vida sin poner mucha atención a lo que Él desea decirnos. Durante esos momentos el Señor puede permitir que enfrentemos una necesidad particularmente urgente, ¡y los cielos parecerán estar hechos de hierro! El silencio es incómodo. Sentimos una desesperación creciente por escuchar a Dios y porque Él pronuncie su mensaje a nuestra vida. Dios tiene toda nuestra atención, desde luego.

En la Biblia leemos sobre varias razones legítimas por las que Dios tal vez no nos conceda nuestras peticiones. Podríamos estar pidiendo por las razones equivocadas (ver Santiago 4:3). Podríamos encontrarnos en desobediencia o rebeldía (ver 1 Juan 3:22). Podríamos estar pidiendo algo fuera de la voluntad de Dios (ver 5:14). O podríamos hallarnos en un estado de falta de perdón hacia alguien más (ver Mateo 6:14-15). En tales ocasiones Dios se negará a contestar nuestras oraciones porque sabe que si las responde nos descarriaremos aún más.

En tales casos, podríamos responder con orgullo personal y error al creer que nuestras oraciones por sí solas produjeron un milagro, una curación, una bendición o la salvación de otra persona. Pedro enseñó que nuestras relaciones con otros pueden influir en nuestras oraciones. Escribió que los esposos debemos vivir con nuestras esposas «sabiamente, dando honor a la mujer como a vaso más frágil, y como a coherederas de la gracia de la vida, para que [nuestras] oraciones no tengan estorbo» (1 Pedro 3:7).

Recordemos que lo que llamamos una oración no contestada podría ser una respuesta tipo *no, por ahora no,* o *no hasta que.* Cada una es una respuesta válida, aunque quizás no sea la que deseemos. El Señor negó la petición de Pablo de que le quitara el aguijón de la carne, y en vez de eso le concedió gracia suficiente para ayudarlo a enfrentar y superar su problema (ver 2 Corintios 12:7-9). No toda oración es contestada con un *sí.* En ocasiones un *no* es la mejor respuesta para nuestra situación.

Recordemos también que no existe ningún «accidente» con Dios. Él tiene un plan y un propósito para nosotros, y podemos confiar en que sigue obrando para nuestro beneficio aunque sucedan cosas malas. Nuestro papel no es agitar los brazos ante una tragedia, sino levantar los brazos a Dios a fin de que Él pueda inclinarse y levantarnos, abrazarnos y pronunciar el mensaje que tiene para nosotros.

Dios puede usar un método para llamar nuestra atención en una circunstancia y valerse de un método diferente en otra. O puede usar constantemente un mismo método para llamar nuestra atención hasta el punto en que cada vez que nos sintamos inquietos o enfrentemos circunstancias poco comunes, automáticamente preguntemos: «¿Qué quieres decirme, Señor?». No intentemos adivinar a Dios. Simplemente reconozcamos que Él es un Dios creativo que empleará muchos métodos para alcanzarnos y guiarnos.

Reconozcamos también que Dios no empleará los mismos métodos con todas las personas en circunstancias parecidas. Él sabe exactamente cómo llegar a cada individuo, y empleará varios métodos para hacer que se detenga y escuche lo que está diciéndole. No nos dejará caer en un pozo abierto, espiritualmente hablando, sin darnos señales de peligro claramente discernibles. ¡Él no renunciará en su intento de guiarnos a sus maravillosos planes y propósitos!

9. ¿Cuándo le pareció a usted que el cielo quedó en silencio? En retrospectiva, ¿había alguna razón?

....

....

....

....

....

....

10. «Sabemos que a los que aman a Dios, todas las cosas les ayudan a bien, esto es, a los que conforme a su propósito son llamados» (Romanos 8:28). ¿De qué maneras hasta lo *malo* puede volverse *bueno* en la vida de un creyente?

....

....

....

....

....

....

HOY Y MAÑANA

Hoy: Dios usa todas las cosas, buenas y malas, para acercarnos más a Él.

Mañana: Le pediré al Señor esta semana que me enseñe a reconocer sus llamados de atención en mi vida.

ORACIÓN FINAL

Señor, gracias por nunca renunciar a nosotros. Gracias por obrar continuamente para captar nuestra atención e indicarnos el camino correcto que debemos seguir, la senda que nos lleva a recibir bendición. Gracias por tu paciencia y tolerancia cuando decidimos seguir nuestro propio camino y hacer nuestra voluntad. Gracias por el regalo del Espíritu Santo, quien siempre interpreta correctamente lo que tienes que decir a nuestro espíritu, a fin de que podamos volver a tener comunión contigo.

OBSERVACIONES Y PETICIONES DE ORACIÓN

Use este espacio para escribir todos los puntos clave, preguntas o peticiones de oración del estudio de esta semana.

Características de los mensajes de Dios para nosotros

EN ESTA LECCIÓN

Enseñanza: ¿Cómo puedo saber si estoy escuchando la voz de Dios?

Crecimiento: ¿Dónde hallaré las fuerzas para obedecer la voluntad de Dios?

Jesús dijo de quienes lo siguen: «Mis ovejas oyen mi voz, y yo las conozco, y me siguen, y yo les doy vida eterna; y no perecerán jamás, ni nadie las arrebatará de mi mano» (Juan 10:27-28). ¡Qué gran declaración de esperanza y consuelo! Podemos *conocer* la voz del Señor, y cuando lo *seguimos* cada día y hacemos lo que nos ordena nunca pereceremos ni seremos arrebatados de su mano.

Usted podría cuestionar: «Pero ¿cómo puedo estar seguro de que lo que escucho viene verdaderamente de Dios?». Creo que hay cinco características de los mensajes de Dios para nosotros, es decir, un medio de determinar si la voz que escuchamos proviene realmente de Dios. Si usted tiene dudas acerca de si un mensaje es de Dios, le sugiero que lo equipare con estos criterios:

- El mensaje debe ser coherente con la Palabra de Dios.
- El mensaje generalmente estará en conflicto con la sabiduría humana convencional.
- El mensaje chocará con la gratificación carnal y los deseos humanos básicos.
- El mensaje estimulará la fe para levantarnos a un nuevo nivel.
- El mensaje requerirá valor personal para hacer lo que el Señor ha dicho.

Al comenzar nuestro estudio, permítame señalar nuevamente que la coherencia con la Palabra de Dios *siempre* es nuestro principal recurso para determinar la validez de un mensaje que creemos que proviene de Dios. Él nunca se contradice. Lo que ha establecido como verdad en el pasado es verdad ahora. El Señor proclamó: «Mis pensamientos no son vuestros pensamientos, ni vuestros caminos mis caminos. [...] Como son más altos los cielos que la tierra, así son mis caminos más altos que vuestros caminos» (Isaías 55:8-9).

Dios opera en un plano superior. Sus motivos siempre son puros y bondadosos. Sus ideales son los más nobles de todos. Su santidad es absoluta. Lo que Dios nos dice nunca será lo que el mundo enseña. Él no se rebaja a nuestro nivel, nos llama a levantarnos a *su* nivel. Sus mensajes nos estimulan a vivir a la altura de una vida en Cristo Jesús y buscar la integridad y plenitud de nuestro potencial en Él.

Dios tampoco nos llama a convertirnos en algo que no nos permite llegar a ser. No nos pide que hagamos aquello para lo que no nos prepara. No ofrece una meta imposible de alcanzar. Los mensajes de Dios nos retarán a ser lo mejor que podemos ser en Él y abrir nuestras vidas para recibir lo mejor que tiene para nosotros.

COHERENCIA CON LA BIBLIA

Dios nunca nos dirá que participemos en alguna actividad que contradiga la Biblia. Por esto es que podemos ser engañados si rechazamos la Palabra de Dios y no la incorporamos a nuestra vida. No podremos darnos cuenta si un mensaje no es conforme con la Biblia a menos que *conozcamos* la Palabra de Dios. Por tanto, si vamos a tomar una decisión sobre una relación, un asunto comercial, una nueva dirección en nuestra vida, o algún cambio importante, empecemos en la Biblia nuestro proceso de toma de decisión. Vayamos a la Palabra de Dios y permanezcamos en ella hasta que veamos claramente lo que Él dice respecto al asunto.

Cuando tomamos el significado de un versículo en la Biblia y le añadimos el significado de otro versículo y luego le agregamos el significado de otros versículos más, construimos una base de significado. Comprendemos mucho más claramente la sabiduría plena de Dios sobre un tema particular. Erramos cuando llegamos a la Biblia con respuestas preconcebidas y actitudes predispuestas y expresamos: «Busco una prueba de que lo que creo es correcto». Nos encontramos en una posición mucho más fuerte delante del Señor cuando acudimos a su Palabra pidiendo con humildad y sinceridad: «Enséñame tus caminos, Dios, y muéstrame lo que quieres que yo vea», y luego dejamos que la Palabra nos hable en su plenitud.

1. «Procura con diligencia presentarte a Dios aprobado, como obrero que no tiene de qué avergonzarse, que usa bien la palabra de verdad. Mas evita profanas y vanas palabrerías, porque conducirán más y más a la impiedad» (2 Timoteo 2:15-16). ¿Qué significa usar «bien la palabra de verdad»? ¿Cómo se hace esto?

2. ¿Cuáles son algunos ejemplos de «profanas y vanas palabrerías» del mundo? ¿De qué modo tales enseñanzas llevan «más y más a la impiedad»?

....

....

....

....

....

....

....

....

Conflicto con la sabiduría convencional

Sabiduría de Dios no es lo mismo que sabiduría del mundo. Alguien que creció en un hogar piadoso, asistió a la iglesia y vivió en una comunidad con gran porcentaje de personas temerosas de Dios podría tener una comprensión diferente de la sabiduría humana que alguien que creció en una atmósfera impía, que nunca asistió a la iglesia y que vivió en un ambiente pecaminoso. El individuo piadoso que está rodeado de gente piadosa puede volverse un poco ingenuo acerca de lo que es el mundo y declarar: «Bueno, lo que escucho que Dios me dice es lo que he oído toda mi vida». Esa persona debe reconocer que ha sido bendecida y que su situación es relativamente rara.

En la mayoría de los casos, el mensaje de Dios contrasta fuertemente con lo que el mundo dice sobre un tema. El mundo afirma que somos tontos si damos a Dios, mucho menos va a decirnos que esperemos su bendición por hacerlo. Dios dice que llevemos el diezmo a su alfolí y Él derramará bendición sobre nosotros (ver Malaquías 3:10-11). El mundo declara que somos idiotas si permitimos que un enemigo nos agreda dos veces. Dios declara que demos la otra mejilla cuando nuestro enemigo nos golpea, dándole la oportunidad de que nos vuelva a golpear (ver Mateo 5:39). El mundo asevera que todo es relativo y que la verdad está sujeta a condiciones e interpretación. Dios ratifica que su Palabra es absoluta y no cambia (ver Malaquías 3:6).

Debemos reconocer que la mayor parte del mundo se mueve en la dirección equivocada. Jesús enseñó: «Entrad por la puerta estrecha; porque ancha es la puerta, y espacioso el camino que lleva a la perdición, y muchos son los que entran por ella; porque estrecha es la puerta, y angosto el camino que lleva a la vida, y pocos son los que la hallan» (Mateo 7:13-14). Cuando Dios nos habla, nos llama a adoptar su forma de pensar y ver. En el Nuevo Testamento a esta actitud se denomina la mente de Cristo. Así que preguntémonos: «¿Haría esto Jesús?». Si no lo haría... no lo hagamos.

3. «Haya, pues, en vosotros este sentir que hubo también en Cristo Jesús, el cual, siendo en forma de Dios, no estimó el ser igual a Dios como cosa a que aferrarse, sino que se despojó a sí mismo, tomando forma de siervo, hecho semejante a los hombres» (Filipenses 2:5-7). ¿Cuál es el «sentir» de Cristo?

4. ¿Cuáles son algunos de los atributos y enseñanzas de Cristo que se oponen a la sabiduría del mundo? ¿En qué ocasiones ha encontrado usted resistencia de los demás cuando optó por seguir el sentir de Jesús?

CONFLICTO CON LOS DESEOS DE LA CARNE

Debemos reconocer de inmediato que cualquier consejo no es de Dios si nos insta a gratificar la carne sin pensar en las consecuencias. Dios nos da mensajes que agradan a su Espíritu que mora en nosotros, no a nuestros deseos y anhelos pecaminosos. Es más, en 1 Juan 2:16 leemos que todo ser humano debe batallar contra «los deseos de la carne» (apetitos humanos y deseos sexuales que no están de acuerdo con el plan de Dios para el matrimonio), «los deseos de los ojos» (codicia por los bienes materiales) y «la vanagloria de la vida» (ansias de poder y posición que exaltan a alguien por sobre los demás).

Erramos al descartar estos deseos como irrelevantes para nosotros como cristianos. Superamos los deseos y las tentaciones mediante el poder del Espíritu Santo, pero nunca nos volvemos inmunes a los apetitos humanos, al deseo de bienes y riquezas, o a las ansias por fama, poder o prestigio. Somos criaturas egocéntricas y, querámoslo o no, por lo general nos esforzamos por nosotros mismos y nuestros propios intereses. Debemos recordar que la voz de Dios no alimenta nuestra naturaleza egocéntrica, sino que nos llama a justicia, pureza y entrega desinteresada a los demás.

5. «No améis al mundo, ni las cosas que están en el mundo. Si alguno ama al mundo, el amor del Padre no está en él. Porque todo lo que hay en el mundo, los deseos de la carne, los deseos de los ojos, y la vanagloria de la vida, no proviene del Padre, sino del mundo» (1 Juan 2:15-16). ¿Qué significa «amar al mundo»? ¿Qué señal hay de que alguien ama al mundo?

6. ¿Cuáles son algunos ejemplos prácticos de «los deseos de la carne», de «los deseos de los ojos», de «la vanagloria de la vida»?

....

....

....

....

....

....

....

ESTÍMULO PARA CRECER EN FE

Dios ha dado a cada uno de nosotros una «medida de fe», y nuestra fe debe crecer (ver Romanos 12:3). Él desea que lleguemos al punto en que tengamos gran fe. En la Biblia leemos de cómo los discípulos despertaron una vez a Jesús para que calmara una tormenta en el mar de Galilea, y Él les declaró: «¿Por qué estáis así amedrentados? ¿Cómo no tenéis fe?» (Marcos 4:40). Básicamente, Jesús les preguntó: «¿Por qué no usan su fe en esta situación?». Pedro caminó sobre el agua y empezó a hundirse, y Jesús le dijo: «¡Hombre de poca fe! ¿Por qué dudaste?» (Mateo 14:31). Jesús claramente esperaba que sus seguidores tuvieran fe, la utilizaran y crecieran en ella.

Crecemos en fe cuando oímos de Dios, obedecemos lo que nos dice y luego reconocemos su fidelidad al mensaje que nos ha dado. Si no escuchamos de parte de Dios, es prácticamente imposible que crezcamos en fe. Lo mismo es cierto si no le obedecemos ni buscamos el cumplimiento de su Palabra en nosotros. Debemos reconocer que un reto de fe requiere coherencia, entereza, perseverancia y vigilancia de nuestra parte.

Jesús contó una vez una parábola sobre una viuda que acudió en varias ocasiones a un juez en busca de justicia hasta que él le respondió. Jesús señaló que Dios no era como ese juez cruel. «¿Y acaso Dios no hará justicia a sus escogidos, que claman a él día y noche? ¿Se tardará en responderles?» (Lucas 18:7). Jesús dijo respecto a nuestra tendencia a rendirnos demasiado pronto en asuntos que exigen nuestra fe: «Cuando venga el Hijo del Hombre, ¿hallará fe en la tierra?» (v. 8). Una vez que hemos escuchado que Dios nos habla, debemos perseverar en nuestra fe y esperar hasta ver el cumplimiento del mensaje del Señor.

7. «De cierto os digo, que si tuviereis fe como un grano de mostaza, diréis a este monte: Pásate de aquí allá, y se pasará; y nada os será imposible» (Mateo 17:20). ¿Qué significa tener «fe como un grano de mostaza»?

....

....

....

....

....

....

....

....

8. ¿Cuándo pidió usted en oración algo en que realmente no confiaba que sucedería? ¿Cuándo ejerció verdadera fe? ¿Qué resultados obtuvo?

....

....

....

....

....

....

LLAMADO A TENER VALOR

Por último, un mensaje de parte de Dios probablemente exigirá que tengamos valor. Si se nos pide que vayamos contra la corriente de la sabiduría convencional y que actuemos en oposición a nuestra naturaleza carnal, sentiremos que nos arriesgamos al obedecer el mensaje de Dios. Cada vez que nos arriesgamos por los propósitos de Dios necesitamos valor. Josué comprendió esta necesidad. El Señor lo había desafiado con la misión de lograr que miles de quejumbrosos israelitas atravesaran el río Jordán a fin de que pudieran reclamar como suya la tierra prometida. Antes que Josué atravesara el río, el Señor lo exhortó tres veces a tener valor:

> Esfuérzate y sé valiente; porque tú repartirás a este pueblo por heredad la tierra de la cual juré a sus padres que la daría a ellos. Solamente esfuérzate y sé muy valiente, para cuidar de hacer conforme a toda la ley que mi siervo Moisés te mandó; no te apartes de ella ni a diestra ni a siniestra, para que seas prosperado en todas las cosas que emprendas. [...] Mira que te mando que te esfuerces y seas valiente; no temas ni desmayes, porque Jehová tu Dios estará contigo en dondequiera que vayas. (Josué 1:6-7, 9)

Echemos una mirada a estos versículos. En el primero, el Señor le recordó a Josué la bendición prometida que le esperaba. Igualmente, recordemos las promesas de Dios mientras nos mantenemos firmes en la fe, creyendo que Dios es fiel a su Palabra cuando damos un paso en obediencia a su voz.

La segunda vez que el Señor amonestó a Josué, en esencia declaró: «Permanece en el camino. No te apartes de mis mandamientos y leyes». Cuando obedecemos al Señor debemos permanecer en la Palabra, mantenernos en compañerismo con otros creyentes, perseverar en oración y escuchar con atención la voz de Dios.

La tercera vez, Dios manifestó: «No te dejes asustar o desanimar. Recuerda que estoy contigo». El miedo y el desánimo están sujetos a nuestra voluntad, y en el nombre de Jesús podemos ordenarles que se vayan. Lo mismo ocurre con la preocupación o los sentimientos de frustración de que no estamos viendo los resultados de Dios tan rápidamente como nos gustaría. Recordémonos lo que oímos decir a Dios, mantengámonos cerca de Él y por ningún motivo cedamos al temor o al desánimo.

La buena noticia es que el Señor no espera que tengamos valor por nosotros mismos. Él afirma que, si necesitamos valor, alentará nuestro corazón (ver Salmos 31:24). Cuando Dios nos habla, el cumplimiento de sus planes depende en cierta medida de si respondemos con espíritu valiente. Su voz no nos lleva a tímido discipulado sino a valiente testimonio.

Tengamos en cuenta que en ninguna parte de la Biblia Dios le dice a alguien que se apresure a tomar una decisión. Puede haber ocasiones en que debemos escuchar de Dios y actuar rápidamente, pero Él no nos dice que nos apresuremos sin consultarlo respecto a su tiempo. A menudo los creyentes se apresuran porque no le preguntan a Dios sobre el tiempo. Suponen que cuando les pide que hagan algo, el Señor quiere decir *ahora mismo*, pero ese podría no ser el caso. Él puede pedirnos que esperemos más instrucciones o que aguardemos hasta que se cumplan ciertas condiciones.

Así que tomemos tiempo para asegurarnos de que realmente hemos escuchado de Dios y que lo hemos oído con claridad y precisión. Sobre todo, antes de salir corriendo a obedecerle aseguré-monos de que Él ha concluido todo lo que tiene que decirnos sobre algún punto. Su mensaje puede incluir instrucciones acerca de a quién contactar, dónde ir y cómo proceder. Asegurémonos de tener todas las instrucciones, perspectivas y detalles que Él desea darnos. Sometamos todo el mensaje de Dios a los puntos analizados en esta lección.

9. «Velad, estad firmes en la fe; portaos varonilmente, y esforzaos» (1 Corintios 16:13). ¿Por qué la Biblia ordena frecuentemente a los seguidores de Cristo ser valientes y fuertes? ¿En qué manera tales atributos son asunto de decisión y no algo con lo que nacemos?

....

....

....

....

....

....

....

....

....

....

10. «No nos ha dado Dios espíritu de cobardía, sino de poder, de amor y de dominio propio» (2 Timoteo 1:7). ¿Qué quiere decir

Pablo con «dominio propio»? ¿En qué sentido puede usted carecer de dominio propio cuando no espera las instrucciones del Señor?

....

....

....

....

....

....

HOY Y MAÑANA

Hoy: Dios me otorga las fuerzas y el valor para obedecer todo lo que me pide que haga.

Mañana: Le pediré al Señor que me llene esta semana con su fortaleza y valor.

ORACIÓN FINAL

Padre celestial, te agradecemos y alabamos por ser tan bueno con nosotros. Con qué frecuencia hemos sido pasivos cuando deberíamos haber sido oyentes audaces. Oramos para que el Espíritu Santo que vive dentro de nosotros nos recuerde que eres Dios y para que sigamos tratando de reconocer tu voz. Además, oramos para que sigas ayudándonos a ver las características de tus mensajes para nosotros, de modo que sepamos que de ti viene la dirección que recibimos en cuanto al camino que debemos seguir.

Observaciones y peticiones de oración

Use este espacio para escribir todos los puntos clave, preguntas o peticiones de oración del estudio de esta semana.

CÓMO SABER SI LA VOZ VIENE DE DIOS

EN ESTA LECCIÓN

Enseñanza: ¿Trata Satanás de imitar la voz de Dios?

Crecimiento: ¿De qué manera distingo entre el consejo malo y el bueno?

A menudo las personas me preguntan: «Cuando escucho con la finalidad de que Dios me hable después de orar, a veces parece que oigo dos voces. ¿Cómo sé si es Dios quien habla o si se trata de Satanás?». Esta es una inquietud legítima, porque sabemos por las Escrituras que el enemigo de nuestras almas también tratará de hablarnos. Sabemos por la tentación a Jesús en el desierto que Satanás intentará muchos trucos para convencernos de que le escuchemos a él y no a Dios (ver Mateo 4:1-11). El apóstol Pedro advirtió que el diablo está siempre al acecho, buscando infundir temor y confusión (ver 1 Pedro 5:8). Debemos estar alerta para asegurarnos de que estamos escuchando la voz de Dios mientras oímos su respuesta.

Jesús les advirtió a sus discípulos que debía ir a Jerusalén y sufrir mucho a manos de las autoridades religiosas. Que finalmente lo asesinarían, pero que al tercer día iba a resucitar de los muertos. Cuando el Señor dijo esto, Pedro lo llevó a un lado y le cuestionó: «Señor, ten compasión de ti; en ninguna manera esto te acontezca» (Mateo 16:22). Por buenas intenciones que pudo haber tenido Pedro, sus palabras no provenían de Dios, sino que estaban alineadas con el mensaje de Satanás. Jesús se volvió hacia Pedro y lo reprendió, declarando: «¡Quítate de delante de mí, Satanás!; me eres tropiezo, porque no pones la mira en las cosas de Dios, sino en las de los hombres» (v. 23).

Pedro había sido seguidor de Jesús desde el principio del ministerio terrenal del Señor, pero Jesús lo comparó con el archienemigo. Debemos reconocer que a veces la voz de Satanás nos llega no en nuestros pensamientos, sino a través de las palabras de otras personas, algunas de las cuales pueden parecer bien intencionadas. Sin embargo, la Biblia nos asegura que hay una manera de distinguir la voz de Satanás de la de nuestro Señor. Creo que escucharemos estas claras diferencias en los mensajes:

Satanás declara:	El Señor Jesús declara:
Haz lo que quieras hacer.	Considera los efectos de tu conducta en los demás. Lleva una vida desinteresada y generosa.
Vive el momento.	Vive con la mirada puesta en la eternidad.
No te preocupes por lo que los demás digan.	Recibe consejo piadoso.
Eres tan maduro como debes ser. Eres adulto.	Sigue creciendo y madurando para parecerte más y más a Cristo.

Sin duda, el resultado es diferente cuando seguimos la voz de Satanás y no la del Señor. El camino de Satanás siempre acarrea pérdida, destrucción y muerte. El camino del Señor siempre conduce a vida abundante y eterna (ver Juan 10:10). Parte de la diferencia en el resultado está en el modo en que nos sentimos respecto a nosotros mismos: el resultado de seguir los dictados de Satanás son frustración, disgusto y preocupación, mientras que el resultado de seguir el mensaje del Señor es paz interior. Al echar una mirada a cada uno de estos conceptos, tengamos en cuenta que nadie es inmune a ser engañado por Satanás. Nunca podremos decir que somos totalmente inmunes contra los asaltos de Satanás en nuestras mentes.

EFECTOS EN OTRAS PERSONAS

Dios ve el final desde el principio, y también ve a toda la gente y el efecto pleno en otras personas de lo que decimos. Él no nos pide que exhibamos conducta áspera o inapropiada. Nunca nos llevará a hacer algo que podría lastimar emocional, espiritual o materialmente a alguien más. Dios siempre obra para el bien de todo su pueblo... no solo de algunas personas.

Por otra parte, Satanás simplemente nos dice lo que deseamos escuchar. Declara que no debemos preocuparnos por las repercusiones de nuestras vidas en los demás, y que las personas en sí mismas son islas y nosotros deberíamos hacer lo que nos plazca.

Si Abraham hubiera sopesado las consecuencias de su relación con Agar, sin duda se habría resistido a los ruegos de Sara de que tuviera un hijo con la esclava (ver Génesis 16-17; 21). De igual manera, si David hubiera considerado la severidad de la disciplina de Dios por la decisión real de hacer un censo de sus súbditos en Israel y Judá, probablemente habría escuchado el consejo de Joab de detener el proyecto (ver 1 Crónicas 21). Si sentimos que el Señor está guiándonos en una dirección particular, preguntémonos: «¿Cómo afectará esto a quienes me rodean? ¿Saldrá perjudicado alguien por lo que estoy a punto de hacer o decir?». Estas preguntas nos ayudarán a eliminar la influencia de Satanás y escuchar el mensaje que Dios desea transmitir.

1. «Mirad que ninguno pague a otro mal por mal; antes seguid siempre lo bueno unos para con otros, y para con todos» (1 Tesalonicenses 5:15). ¿Ha devuelto usted alguna vez mal por mal? ¿Cuándo ha pagado con amor a alguien que le hizo daño?

   ....

   ....

   ....

   ....

   ....

2. ¿Por qué se nos ordena ir tras lo que es bueno? ¿Cuán diferente es esto de simplemente aceptar lo que es bueno? ¿Por qué debemos seguir activamente lo bueno?

   ....

   ....

   ....

   ....

   ....

DIOS NUNCA ESTÁ APURADO

Existen muchas referencias en la Biblia que mencionan «el cumplimiento del tiempo». Dios no tiene prisa; Él trata con consecuencias eternas y continuamente busca el cumplimiento del alcance pleno de su plan y propósito. Por otra parte, Satanás siempre nos alienta a actuar de inmediato, porque sabe que reconsideraríamos la situación si retrocedemos y pensamos lo suficiente en la mayoría de las circunstancias. Si sentimos una urgencia abrumadora de actuar en forma espontánea, probablemente es mejor detenernos. Dios está interesado en tener todos los detalles en su sitio.

El rey Saúl perdió el trono por actuar apresuradamente. El profeta Samuel le había dado instrucciones de esperar en Gilgal durante siete días, pero cuando el profeta no llegó en el séptimo día, Saúl decidió actuar por su cuenta. Preparó holocaustos para invocar el favor del Señor, aunque solamente a los sacerdotes se les permitía hacerlo. Efectivamente, Samuel llegó tan pronto como Saúl hubo realizado los holocaustos. Saúl ofreció excusas tontas, pero su imprudencia lo descalificó como rey (ver 1 Samuel 10:8; 13:8-14). Adelantársele a Dios es una terrible equivocación, y las consecuencias siempre son graves.

Por otra parte, Nehemías esperó pacientemente el tiempo de Dios. Lo buscó en oración y ayuno durante cuatro meses hasta que el rey persa le preguntó por qué se le había decaído el semblante. Nehemías explicó su preocupación por la devastación de Jerusalén, y en cuestión de días el rey lo envió a Jerusalén con autoridad total y los suministros necesarios para un importante proyecto de reconstrucción (ver Nehemías 1:1—2:9). No es fácil esperar pacientemente en el Señor hasta estar seguros de tener la totalidad de su mensaje. Sin embargo, ¡cuánto más satisfactorios son los resultados cuando sabemos que hemos escuchado todo el mensaje de Dios!

3. «Alma mía, en Dios solamente reposa, porque de él es mi esperanza. El solamente es mi roca y mi salvación» (Salmos 62:5-6). ¿Por qué el salmista instó a su alma a reposar en Dios? ¿Qué papel representa la voluntad humana en tener paciencia?

....

....

....

....

....

....

....

....

4. ¿Por qué declara el salmista «solamente reposa»? ¿Qué papel representa el desarrollo de paciencia en reposar delante de Dios y aprender a escuchar su voz?

....

....

....

....

....

....

....

....

Cómo aprovechar el consejo sabio

El libro de Proverbios tiene mucho que decir sobre el valor del consejo sabio. En 13:10 leemos: «Ciertamente la soberbia concebirá contienda; mas con los avisados está la sabiduría». Proverbios 20:5 expresa: «Como aguas profundas es el consejo en el corazón del hombre; mas el hombre entendido lo alcanzará». Debemos buscar consejo piadoso y escuchar a aquellos que aman al Señor y están cimentados en su Palabra.

No soy partidario de que una persona busque asesoramiento profesional solo por el simple hecho de obtener consejo ajeno. La asesoría puede ser más perjudicial que el problema original. Cuando buscamos consejo de alguien debemos pedirlo a personas que no tengan un motivo oculto en nuestras vidas, que ansíen escuchar de Dios (y que anhelen que oigamos al Señor), que basen sus opiniones en la Palabra de Dios y que deseen fervientemente que comparemos su consejo con la recomendación de la Biblia. Si nuestro consejero no presenta estas características, ¡busquemos a alguien más!

5. «Todos, sumisos unos a otros, revestíos de humildad; porque: Dios resiste a los soberbios, y da gracia a los humildes. Humillaos, pues, bajo la poderosa mano de Dios, para que él os exalte cuando fuere tiempo» (1 Pedro 5:5-6). ¿Qué papel representa la humildad en comprender la voluntad de Dios? ¿Cómo puede la soberbia obstaculizar el buen consejo que recibimos de otros?

6. ¿Qué significa estar revestidos «de humildad»? Prácticamente hablando, ¿cómo se hace esto?

....

....

....

....

....

....

....

....

....

CRECIMIENTO CONTINUO DEL VALOR ESPIRITUAL

Los adolescentes rebeldes a menudo les dicen a sus padres: «¡No me digas qué hacer! ¡Ya soy adulto!». Esta es la actitud que muchos de nosotros tenemos hacia la voz de Dios. En realidad es una actitud de soberbia, basada en la suposición de que sabemos tanto como Dios respecto a una situación dada. En realidad, nada puede estar más lejos de la verdad.

En última instancia, Dios nos habla en términos de rendirnos a sus deseos. Sus mensajes para nosotros no tienen que ver con lo que queremos, ya que esto por lo general es limitado, egocéntrico, estrecho de mente y miope. Más bien, sus mensajes son acerca de lo que Él quiere *para nosotros*, lo cual siempre es eterno, amoroso y nos llama a una senda más elevada y mejor. Los mensajes del Señor son acerca de rendirnos a Él, tomar la cruz y seguirlo, entregar nuestras vidas por el bien de otros, llevar los unos las cargas de los demás, animarlos y edificarnos unos a otros, y comportarnos en tal manera que haga que otros anden en rectitud delante del Señor.

Satanás se nos acerca y nos dice que somos suficientemente sabios en nuestro propio entendimiento para tomar decisiones. Esta ha sido la tentación para la humanidad desde el huerto del Edén: *simplemente coman del fruto y serán sabios como dioses*. En nuestra época la mentira suele ser: *simplemente haz tu investigación, obtén este título, sigue este seminario o ve tras el sentido común.* Puede ser bueno hacer todo esto, pero erramos si ponemos nuestra confianza únicamente en nuestros propios esfuerzos y no obtenemos la sabiduría de Dios. El resultado será tan desastroso para nosotros como lo fue para Adán y Eva. Nos metemos en problemas cada vez que suponemos que podemos tomar decisiones totalmente por nuestra cuenta.

7. «Ya no seamos niños fluctuantes, llevados por doquiera de todo viento de doctrina, por estratagema de hombres que para engañar emplean con astucia las artimañas del error, sino que siguiendo la verdad en amor, crezcamos en todo en aquel que es la cabeza, esto es, Cristo» (Efesios 4:14-15). ¿Cuáles son algunos ejemplos de maneras en que el mundo nos lleva «por doquiera» con sus vientos de falsa doctrina?

....

....

....

....

....

....

....

....

....

8. ¿Qué se requiere para que un cristiano evite dicha tendencia infantil?

....

....

....

....

....

....

....

....

....

....

IDENTIFICAR LA VOZ DE DIOS

El resultado neto de escuchar la voz de Satanás será una molesta sensación de frustración en nuestro espíritu. Por tanto, detengámonos y tomemos nota si creemos haber escuchado a Dios pero seguimos experimentando intranquilidad e inquietud mientras intentamos obedecer. ¡No hemos escuchado a Dios! La voz de Dios produce profunda calma en el espíritu. Podemos ser retados por lo que Dios declara, pero no tendremos una sensación de conflicto interior, preocupación o un corazón atribulado.

La paz que Dios nos da es la que el apóstol Pablo describió como paz «que sobrepasa todo entendimiento» (Filipenses 4:7). Se trata de paz interior que viene con un corazón en calma y, que a pesar de las circunstancias que enfrentemos, no se derrumba. Cuando esa clase de paz nos llega, podemos saber que hemos escuchado de Dios y estaremos seguros de que se trata de su voz: «La paz de Dios gobierne en vuestros corazones» (Colosenses 3:15).

Algunas personas tienen conciencias cauterizadas y no parecen sentir nada después de tomar una mala decisión. ¡No sentir nada es un mal estado en el cual encontrarnos! Después de haber intentado escuchar de Dios y haber llegado a una decisión respecto a algo en nuestra vida, experimentaremos una sensación permanente de calma, propósito y paz, o nos sentiremos inquietos, insatisfechos, preocupados o incómodos. Pongamos atención a este sentimiento que fluye de nuestro ser más íntimo, que es una señal que confirma que hemos escuchado o no a Dios.

Con el tiempo creceremos en nuestra capacidad de discernir si la voz que escuchamos es la del Señor. Lo mismo es cierto con la voz de cualquier persona con quien nos relacionamos. Cuando yo era niño, escuchaba a menudo a mi madre llamándome a cenar. Yo no tenía que preguntarme por una fracción de segundo si la voz era la de mi madre. Me había criado escuchándola. Mil madres podían haber pronunciado mi nombre, pero yo respondía solo a la voz de mamá. De igual manera, a medida que usted desarrolla el oído para escuchar lo que Dios le dice, llegará a conocerle la voz en forma inequívoca e inmediata. Él es su Padre, y lo llama por su nombre.

9. «Por nada estéis afanosos, sino sean conocidas vuestras peticiones delante de Dios en toda oración y ruego, con acción de gracias. Y la paz de Dios, que sobrepasa todo entendimiento, guardará vuestros corazones y vuestros pensamientos en Cristo Jesús» (Filipenses 4:6-7). ¿Qué papel representan las decisiones conscientes que usted toma en combatir la ansiedad?

10. ¿Qué quiere decir Pablo cuando afirma que la paz de Dios «sobrepasa todo entendimiento»? ¿Cómo la paz de Dios nos guarda el corazón y la mente?

HOY Y MAÑANA

Hoy: Puedo saber que Dios nunca me llevará a hacer algo que esté contra su Palabra.

Mañana: Le pediré al Señor que me haga consciente de las incitaciones e intrigas del enemigo.

ORACIÓN FINAL

Señor, existen muchas voces en el mundo moderno que compiten por nuestra atención, y necesitamos discernir cómo escuchar tu voz. Te agradecemos por amarnos tanto que no permites que persistamos en seguir las voces equivocadas, sino que nos llevas de vuelta a tu rumbo y tus sendas. Hoy día oramos para que cada vez que recibamos tu corrección levantemos la mirada hacia ti, de modo que la respuesta inmediata en nuestro espíritu sea: «Sí, Señor».

Observaciones y peticiones de oración

Use este espacio para escribir todos los puntos clave, preguntas o peticiones de oración del estudio de esta semana.

NUESTRA PREDISPOSICIÓN A ESCUCHAR

EN ESTA LECCIÓN

Enseñanza: ¿Cómo es el carácter de Dios?

Crecimiento: ¿De qué manera puedo estar seguro de que Dios no me rechazará?

¿Ha tratado usted de decirle algo a alguien que no pareció entenderle, sin importar de cuántas maneras diferentes intentó decírselo? Es como si el individuo tuviera un bloqueo de algún tipo o un impedimento en su procesamiento mental. Así nos ocurre a menudo con nuestra oración. Queremos que Dios nos hable, anhelamos escuchar su voz y ansiamos seguir su dirección para nuestras vidas, pero parece que no nos llega la señal.

Cada vez que tenemos una conversación con Dios entramos en ella con alguna historia. Es más, creo que lo que escuchamos de Dios estará determinado, en parte, por tres aspectos: (1) nuestra relación anterior con Él, (2) nuestra comprensión acerca de Él y (3) nuestra actitud hacia Él. La verdad es que simplemente *no* escuchamos de Dios si anteriormente no hemos establecido una relación con Él, si tenemos una comprensión errónea de Él, o si tenemos una actitud equivocada hacia Él. En tales casos la falla no es del Señor sino nuestra.

Podríamos sentirnos culpables de alguna manera si no podemos discernir la voz de Dios o no lo escuchamos claramente. Pero recordemos que culpar no es en absoluto la intención de esta lección. Al contrario, mi esperanza es que reconozcamos algunos de los obstáculos que pueden haberse levantado hacia Dios en nuestro espíritu, tal vez mediante una paternidad defectuosa, mala enseñanza, circunstancias inexplicables o nuestra rebeldía pasada. A medida que reconocemos estos obstáculos, pidámosle al Señor que los elimine. Abrámonos a su poder curador. Pidámosle que nos dé oídos para escuchar.

1. ¿Qué parte de la «historia» suele usted llevar a sus conversaciones con Dios? ¿Cómo cree que eso le ha afectado su habilidad de escuchar de Él?

....

....

....

....

....

....

2. «Clama a mí, y yo te responderé, y te enseñaré cosas grandes y ocultas que tú no conoces» (Jeremías 33:3). ¿Qué aspectos desea usted que Dios le comunique hoy? ¿Qué obstáculos podrían estar interponiéndose?

....

....

....

....

....

....

NUESTRA HISTORIA CON DIOS

Cada uno de nosotros tiene una historia con Dios que comenzó aun antes de nuestro nacimiento. Él ha establecido que estemos en la tierra, y tiene un plan y un propósito para nosotros, aunque quizás no lo hayamos reconocido. Sin embargo, el único mensaje que los no creyentes escucharán de Dios es que son pecadores que necesitan a Jesús como Salvador. A menos que una persona haya recibido por fe a Jesucristo como su Salvador personal, no podrá escuchar que Dios le hable sobre ningún aspecto que no sea salvación.

Cuando recibimos a Jesucristo como nuestro Salvador, la Biblia afirma que nacemos de nuevo. Somos llevados del reino de tinieblas al reino de luz. Nos convertimos en hijos de Dios. Nuestra experiencia de salvación es el comienzo de una relación bidireccional con el Señor. A Dios no lo motiva hablar con ninguno de nosotros en base a nuestras buenas obras o nuestras necesidades. Lo que lo motiva a hablarnos es tener una relación con nosotros. Por esto, si tenemos dificultad en escuchar de Dios, debemos reevaluar nuestra relación con Él.

Una vez que hemos aceptado a Jesucristo como nuestro Salvador, debemos dar un segundo paso. La salvación crea una relación con Dios y soluciona el asunto de nuestra seguridad eterna, pero debemos pasar de la salvación a la identificación con Jesucristo. Él se convierte en nuestro Salvador y también en nuestro Señor. Es decir, la vida de Cristo es ahora nuestra, y nuestras vidas ahora le pertenecen. El apóstol Pablo enseñó: «Ya no vivo yo, mas vive Cristo en mí» (Gálatas 2:20).

Al identificarnos con Cristo asumimos la mentalidad de que nos ha ocurrido lo que le sucedió a Jesús. Él fue crucificado en el Calvario; nuestra vida carnal fue crucificada y nuestros pecados fueron clavados en la cruz. Jesús fue sepultado y resucitó; fuimos enterrados y resucitados a una nueva vida que no finalizará. «¿O no sabéis que todos los que hemos sido bautizados en Cristo Jesús, hemos sido bautizados en su muerte? Porque somos sepultados juntamente con él para muerte por el bautismo, a fin de que como Cristo resucitó de los muertos por la gloria del Padre, así también nosotros andemos en vida nueva» (Romanos 6:3-4).

Al aceptar que Jesús destruyó el poder del pecado en nosotros, somos libres para andar en el Espíritu y convertirnos en las personas que Dios desea que seamos. Ya no vivimos para nosotros mismos. Continuamente intentamos vivir como Jesús viviría, y confiamos en que Él nos permitirá hacerlo.

El grado en que nos identifiquemos con Jesús determinará, en parte, lo que escuchamos que Dios nos dice. Si estamos contentos con ser salvos, probablemente no oiremos que Dios nos hable. Pero si continuamente buscamos ser más como Jesús, y convertirlo realmente en el Señor de nuestras vidas, escucharemos el consejo de Dios sobre cómo parecernos más a Él. El Señor nos hablará de buena gana respecto a los pecados que debemos confesar, las relaciones que debemos reparar, las nuevas conductas y opiniones que debemos adoptar, las nuevas actividades que debemos realizar y las nuevas bendiciones que aceptaremos.

3. «Yo soy la vid, vosotros los pámpanos; el que permanece en mí, y yo en él, éste lleva mucho fruto; porque separados de mí nada podéis hacer» (Juan 15:5). ¿Qué significa permanecer en Cristo? ¿Cómo se logra esto en la vida del creyente?

4. ¿Qué fruto ha visto usted en su vida desde que se convirtió en cristiano? ¿Qué fruto le *gustaría* ver en su vida?

DIOS COMO PADRE, AMIGO Y MAESTRO

Lo que escuchamos de parte de Dios se ve afectado por el modo en que comprendemos su naturaleza. Cada uno de nosotros nace con un esquema mental de opuestos en red. Tendemos a clasificar lo que encontramos como bueno o malo, positivo o negativo, útil o perjudicial. Con el tiempo este sistema en red nos brinda una perspectiva sobre la vida, que podríamos llamar nuestra *visión del mundo* o *mentalidad*, a medida que transferimos algo de nuestro pensamiento del pasado a nuevas áreas de experiencia. Cuando se trata de comprender a Dios aplicaremos este sistema en red, basándonos en nuestras experiencias pasadas, y llegaremos a ciertas conclusiones en cuanto a Él.

Examinemos varias formas en que este sistema en red puede afectar las conclusiones acerca de Dios a las que llegamos. Primera, podemos verlo como un *padre amoroso o exigente*. ¿Llegamos delante de Dios esperando que nos acepte, nos ame incondicionalmente y nos abrace con calidez? ¿O esperamos que nos ridiculice, que ponga condiciones en cuanto a si nos amará, que nos rechace o no nos reconozca como hijos? La Biblia nos dice que la naturaleza de Dios es amar (ver 1 Juan 4:8), y que debido a su amor envió al mundo a su Hijo unigénito para que todo el que cree en Él tenga vida eterna (ver Juan 3:16). Si a usted le cuesta percibir a Dios como un padre amoroso, busque en una concordancia versículos que se relacionen con la naturaleza amorosa del Señor. Escríbalos. Memorícelos. Desarrolle un nuevo sistema en red en su pensamiento.

Segunda, podemos ver a Dios como un *amigo íntimo o lejano*. ¿Llegamos ante el Padre con libertad de decir lo que queramos, confiando en que Él entenderá y no nos rechazará? ¿O esperamos que Dios sea como un burócrata que nos pide que llenemos nuestras peticiones por triplicado, que nos sentemos en un rincón y que esperemos hasta que nos llamen? La Biblia afirma que Dios está cercano «a todos los que le invocan» (Salmos 145:18). Jesús es un amigo que está «más unido que un hermano» (Proverbios 18:24). Les dijo a sus seguidores que eran sus amigos, no sus siervos (ver Juan 15:15). Si a usted le cuesta considerar al Señor como su amigo íntimo, lea los Evangelios y observe lo cerca que Jesús vivió en relación con quienes lo siguieron.

Tercera, podemos ver a Dios como un maestro *paciente o intolerante*. ¿Esperamos que el Señor nos muestre el error de nuestra conducta a fin de poder mejorar? ¿O esperamos que nos dé una mala nota, nos merme la trayectoria vital o nos suspenda de su escuela? Dios no es un maestro crítico que siempre insiste en nuestra carencia de entendimiento espiritual o que espera castigarnos por una equivocación. Al contrario, Él es un maestro paciente, amable y amoroso que nos atrae hacia sí mismo y hacia el camino de rectitud. Si usted piensa en Dios solo como juez y no como maestro paciente, regrese a las palabras de Jesús en los Evangelios. Lea lo que declaró. Encontrará una buena razón de por qué sus seguidores lo llamaron *rabí*: su amado maestro.

5. «No habéis recibido el espíritu de esclavitud para estar otra vez en temor, sino que habéis recibido el espíritu de adopción, por el cual clamamos: ¡Abba, Padre!» (Romanos 8:15). ¿Cómo percibe usted a Dios cuando piensa en Él como su Padre celestial?

....

....

....

....

....

....

....

6. «Ya no os llamaré siervos, porque el siervo no sabe lo que hace su señor; pero os he llamado amigos» (Juan 15:15). ¿En qué maneras ve usted a Dios como su amigo? ¿Le resulta cómodo o incómodo verlo de este modo? Explique.

....

....

....

....

....

....

....

DIOS COMO GUÍA, CONSEJERO, PROVEEDOR Y SUSTENTADOR

Además de ver a Dios como padre amoroso, amigo íntimo y maestro paciente, podemos descubrir que nuestro esquema mental «en red» nos lleva a sacar otras conclusiones respecto a Él en lo que respecta a su cuidado y provisión para nosotros. *En primer lugar, podemos ver a Dios como un guía bondadoso o iracundo.* ¿Lo vemos como Aquel que nos disciplina para volver a encarrilarnos o como Aquel que nos castiga en un arrebato de ira? Con frecuencia las personas con padres maltratadores verán a Dios únicamente como un ser duro, irrazonable y extremo en su disciplina. Pero la verdad es que Dios nos da reglas para guiarnos en su camino.

Pensemos en cómo sería estar de excursión en una zona selvática con un guía experimentado. Haríamos todo lo que el guía nos dijera que hagamos, porque veríamos en juego nuestra sobrevivencia y nuestro regreso a la civilización. Si tratamos en mala manera el equipo de excursión, si nos alejamos del grupo, o si tomamos una senda equivocada, querríamos que el guía nos corrigiera de inmediato. Seguiríamos su consejo sin cuestionar porque sabríamos que estaría hablándonos en nuestro beneficio. Lo mismo ocurre con Dios. Él desea mantenernos en su sendero, que usemos con prudencia nuestros recursos y nuestro equipo, y que permanezcamos con otros creyentes para que finalmente entremos en la plenitud de su reino.

En segundo lugar, podemos ver a Dios como un consejero comprensivo o insensible. ¿Tenemos la sensación de que Dios entiende nuestras preocupaciones? ¿O pensamos que Él no conoce, ni se preocupa por nuestros deseos, tentaciones o emociones? Jesús vino a mostrarnos que a Dios le interesan *todos* los aspectos de nuestra humanidad. Él prueba que Dios entiende cómo nos sentimos y sabe cuán difícil puede ser la vida. Pero Dios también sabe que podemos vencer las tentaciones y llevar una vida pura y justa. Un buen consejero ayuda a sus aconsejados a obtener mayor vigor y realización. El Espíritu Santo es exactamente tal Consejero, que desea llevarnos a la plenitud, sanando nuestras heridas y dándonos fortaleza para seguir adelante. Si usted batalla con el concepto de que Dios es un Consejero comprensivo, le animo a buscar en una concordancia muchas de las referencias relacionadas con *compasión, misericordia o piedad.* El Señor comprende lo que nos pasa... y se preocupa por nosotros.

Tercero, podemos ver a Dios como un proveedor generoso o renuente. ¿Vemos al Señor deleitándose en nosotros y derramando generosamente las riquezas de su gloria en nuestras vidas? ¿O lo vemos como un Dios que tiene sus favoritos y retiene lo que merecemos? La Biblia declara que el Señor tiene recursos infinitos que ansía darnos, ¡y en su Palabra explica exactamente cómo podemos recibirlos! En la historia del hijo pródigo (la cual en mi opinión debería llamarse la historia del padre amoroso), vemos la descripción de un Dios que únicamente se encuentra más que listo y dispuesto a bendecir a sus hijos con cosas maravillosas. Jesús nos asegura que Dios hace que las bendiciones vengan a nuestras vidas en «medida buena, apretada, remecida y rebosando» (Lucas 6:38). Si usted lucha con esta comprensión de Dios, lea cómo proveyó para los israelitas en el desierto, y le sugiero que estudie versículos en la Biblia relacionados con dar y recibir. ¡Nuestro Dios es un Dios generoso!

Por último, podemos ver a Dios como un sustentador fiel o incongruente. ¿Llegamos delante de Dios sabiendo que es confiable y consecuente? ¿O cuestionamos si Él estará realmente allí para nosotros en nuestros momentos de necesidad? La Biblia proclama de principio a fin que el Señor está en nuestro equipo. Nunca nos abandona. Podemos contar con Él. Lamentaciones 3:22-23 nos asegura: «Nunca decayeron sus misericordias. Nuevas son cada mañana; grande es tu fidelidad». Si usted batalla con el concepto de la fidelidad de Dios, mire en una concordancia las palabras *fiel, fidelidad* o *misericordia* y examine las referencias asociadas con la naturaleza fiel del Señor. Dios es el mismo ayer, hoy y por los siglos. Su deseo por nosotros es constante. Su presencia es permanente y eterna.

7. «Fíate de Jehová de todo tu corazón, y no te apoyes en tu propia prudencia» (Proverbios 3:5). ¿Qué significa apoyarnos en nuestra propia prudencia? ¿Cómo podría esto llevar a un entendimiento defectuoso de Dios como guía y consejero?

....

....

....

....

8. «Jehová es mi pastor; nada me faltará. En lugares de delicados pastos me hará descansar; junto a aguas de reposo me pastoreará. Confortará mi alma; me guiará por sendas de justicia por amor de su nombre» (Salmo 23:1-3). ¿Cómo ve usted a Dios como su afectuoso pastor y proveedor? ¿Qué desafíos tiene usted al ver a Dios de esta forma?

....

....

....

....

....

....

....

NUESTRA ACTITUD HACIA DIOS

Existen tres cualidades principales que debemos tener en nuestra actitud cuando nos acercamos a Dios. *Primera, debemos ser sumisos.* Debemos reconocer que somos finitos y que Dios es infinito, y reconocer que somos sus criaturas y que Él es el Creador. Estemos dispuestos a hacer lo que Él dice que hagamos.

Si no tenemos esta actitud hacia Dios, desearemos que ponga su sello de aprobación en nuestros planes preconcebidos, o que nos diga que hemos hecho lo correcto, lo cual podría no ser el caso. Si tenemos tal actitud no podremos escuchar la plenitud de lo que Dios desea decirnos. Si nos acercamos a Dios seguros de nuestro éxito y nuestra capacidad de tomar decisiones, debemos reconocer que nuestra actitud es de orgullo.

Segunda, debemos confiar en Dios. Si no tenemos la intención de confiar en Él, no oiremos por completo todos los detalles que nos da acerca de cómo obedecerle. Será como si dijéramos: «Señor, escucharé lo que tengas que decir, pero no creo que seas fiel a ninguna de tus promesas, ni confiable para ayudarme o sincero en tu evaluación». Lleguemos delante del Padre convencidos de que Él nos guiará en la dirección correcta y nos permitirá hacer todo lo que nos pide.

Tercera, debemos llegar delante de Dios con un corazón agradecido. La Biblia nos dice que debemos entrar por sus puertas con acción de gracias (ver Salmo 100:4). Llegamos con la mirada puesta en lo que Dios ha hecho por nosotros en el pasado, lo cual nos permite recibir lo que tiene para nosotros en el presente y el futuro. Debemos mirar hacia atrás y recordar todas las maneras en que Dios ha sido bueno con nosotros. Esto es algo que podemos hacer independientemente de lo difíciles que puedan haber sido nuestras vidas. ¡Reconozcamos que Dios está por nosotros!

9. «Someteos, pues, a Dios; resistid al diablo, y huirá de vosotros. Acercaos a Dios, y él se acercará a vosotros. Pecadores, limpiad las manos; y vosotros los de doble ánimo, purificad vuestros corazones. Afligíos, y lamentad, y llorad. [...] Humillaos delante del Señor, y él os exaltará» (Santiago 4:7-10). ¿Por qué se nos ordena humillarnos delante de Dios? ¿Por qué es importante esto en la relación que usted tiene con Dios?

....

....

....

....

....

....

....

....

....

10. ¿Por qué afirma Santiago que Dios se acercará a usted si usted se acerca a Dios? ¿Por qué la inclinación que usted muestre es importante en la relación?

....

....

....

....

....

....

....

HOY Y MAÑANA

Hoy: Dios quiere tener una relación íntima conmigo, y puedo confiar por completo en Él.

Mañana: Pasaré tiempo esta semana agradeciendo a Dios todo lo que ha hecho.

ORACIÓN FINAL

Padre celestial, deseamos cultivar un corazón que escuche y tener hambre dentro de nuestras almas para escuchar lo que dices. Queremos tener un espíritu de sumisión y ser obedientes a tu voluntad y tus propósitos para nosotros. Ayúdanos hoy día a acercarnos a ti con la comprensión correcta de tu naturaleza, así como la actitud correcta respecto al amor que nos profesas. Desarrolla nuestra relación día a día a medida que decidimos morar en tu presencia y escuchar tu voz.

OBSERVACIONES Y PETICIONES DE ORACIÓN

Use este espacio para escribir todos los puntos clave, preguntas o peticiones de oración del estudio de esta semana.

CÓMO ESCUCHAR ACTIVAMENTE

EN ESTA LECCIÓN

Enseñanza: ¿Cuál es la diferencia entre oír y escuchar realmente?

Crecimiento: ¿Cómo puedo aprender a escuchar de manera más activa la voz de Dios?

Samuel fue uno de los más grandes profetas en el Antiguo Testamento. No creo que sea coincidencia que escuchar la voz de Dios fuera su primera asignación divina:

> Jehová, pues, llamó la tercera vez a Samuel. Y él se levantó y vino a Elí, y dijo: Heme aquí; ¿para qué me has llamado? Entonces entendió Elí que Jehová llamaba al joven. Y dijo Elí a Samuel: Ve y acuéstate; y si te llamare, dirás: Habla, Jehová, porque tu siervo oye. Así se fue Samuel, y se acostó en su

lugar. Y vino Jehová y se paró, y llamó como las otras veces: ¡Samuel, Samuel! Entonces Samuel dijo: Habla, porque tu siervo oye. (1 Samuel 3:8-10)

Esta historia de Samuel nos muestra que hay una diferencia entre *la escucha activa* y *la audición pasiva*. Escuchar es algo que hacemos con las orejas. Si nuestra escucha es normal, no podemos dejar de oír sonidos dentro de cierto rango. Sin embargo, escuchar involucra la mente, y todos sabemos que podemos oír sonidos sin ponerles mucha atención. La auténtica escucha es activa. Implica poner la mente en marcha para percibir todo lo que se dice como si tuviera significado para el oyente. Así es como Dios nos pide que lo escuchemos: *activamente*. Él quiere nuestra atención total.

Existen diez formas clave en que escuchamos activamente: (1) expectante, (2) silenciosa, (3) paciente, (4) confiada, (5) dependiente, (6) abierta, (7) atenta, (8) cuidadosa, (9) sumisa y (10) reverente. En esta lección examinaremos cada uno de estos aspectos. A medida que lea cada uno de ellos, le animo a que piense en su vida. Pregúntese en cada paso: «¿Hago esto? ¿Es esta la manera en que soy receptivo a recibir el mensaje de Dios?». Probablemente sentirá cierto grado de convicción acerca de una o más de estas características para escuchar, ya que pocos de nosotros oímos activamente el mensaje de Dios todo el tiempo. Considere ese aspecto de debilidad como un área para crecer.

ESCUCHA EXPECTANTE Y SILENCIOSA

Si hemos de escuchar en forma activa, debemos llegar delante del Señor de manera *expectante*. Debemos anticipar con ansiedad que nos hable, y creer la promesa que se encuentra a lo largo de la Biblia de que Dios nos *hablará*. Nuestra expectativa se basa en la confiabilidad del Señor: que creemos que hará lo que asevera que hará. Nuestra expectativa también es una indicación de nuestra fe. Si creemos las promesas que Dios nos hace y descansamos en su fidelidad como nuestro Padre celestial, esperaremos que nos hable y que actúe a nuestro favor. Mientras más fuerte sea nuestra fe, ¡mayor será nuestra expectativa!

Si vamos a escuchar de Dios, también debemos oír en *silencio* y permitir que sea Él quien hable. El Señor nos dice. «Estad quietos, y conoced que yo soy Dios» (Salmos 46:10). Muchos de nosotros pensamos en la oración como un tiempo de musitar a toda prisa una lista de peticiones para luego seguir con el ajetreo de nuestras vidas. El silencio es esencial para escuchar. Tendremos dificultad en oír la voz apacible de Dios si estamos demasiado ocupados para sentarnos en silencio en su presencia, si nos preocupan pensamientos o ansiedades acerca del día, o si todo el día hemos llenado nuestras mentes con interferencia carnal y cháchara sin sentido.

Tal vez descubra que tarde en la noche o temprano en la mañana podría ser un momento de soledad y silencio para usted. Una caminata a mediodía en un parque podría ser un tiempo en que usted puede acallar el alma delante del Señor. Pídale al Señor que le revele un tiempo y un lugar en que usted pueda desconectarse durante un rato de las cargas y preocupaciones del mundo y escuchar a Dios.

1. «Los que esperan a Jehová tendrán nuevas fuerzas; levantarán alas como las águilas; correrán, y no se cansarán; caminarán, y no se fatigarán» (Isaías 40:31). ¿Qué significa «esperar a Jehová»? ¿Qué promesa proporciona este pasaje?

2. «Alma mía, en Dios solamente reposa, porque de él es mi esperanza. Él solamente es mi roca y mi salvación. Es mi refugio, no
resbalaré» (Salmos 62:5-6). ¿Por qué es importante el silencio
cuando usted espera la respuesta de Dios? ¿Cómo puede una
espera tranquila producir fortaleza y estabilidad?

....

....

....

....

....

....

....

Escucha paciente y confiadamente

La audición activa requiere *paciencia*. El Señor no siempre nos dice
cosas a la vez o de modo instantáneo. En ocasiones nos declara parte
de su mensaje en un momento y parte en otra ocasión. A veces escuchamos un mensaje de Él solo después de haber esperado durante
un tiempo. Quisiéramos decir: «Señor, he aquí mi pedido de hoy.
Dame por favor una respuesta antes de salir de tu presencia. Tienes
treinta segundos». Pero no es así como Dios actúa. Él no está a nuestra total disposición. Podríamos esperar la respuesta de Dios por
lo que parecerá mucho tiempo, pero Él no ha olvidado nuestra petición. Es probable que esté preparándonos para escuchar su mensaje.
Dejemos que ese proceso suceda en nuestra vida.

Además, al escuchar a Dios debemos *estar seguros* de que oiremos
lo que necesitamos oír. Puede que no siempre sea lo que queremos
oír, pero podemos confiar en que Dios nos dice lo que debemos saber a fin de poder tomar decisiones y cambiar ciertos aspectos
en nuestras vidas para nuestro máximo bien. Creo que a veces las
personas escuchan a Dios con los puños cerrados. Tienen miedo
de lo que Él les dirá. En parte, esto se debe al temor de que no podrán
hacer lo que Dios les dice que hagan, o creen que no podrán cumplir
con las expectativas divinas.

Sin embargo, ¿le diría un buen padre a su hijo: «Esto es lo que deseo que hagas», y luego no le daría al niño la información sobre cómo hacerlo? Sin duda que no. El Señor tampoco nos dirá que vivamos, nos movamos o actuemos en cierta manera sin darnos las instrucciones completas y suficiente información para cumplir lo que nos pide. Debemos estar seguros de que el Señor no nos prepara para fracasar, sino para tener éxito: éxito ante sus ojos... ¡éxito por toda la eternidad!

3. «Guarda silencio ante Jehová, y espera en él. No te alteres con motivo del que prospera en su camino, por el hombre que hace maldades» (Salmos 37:7). ¿De qué manera esperar con paciencia se relaciona con esperar en silencio? ¿Cómo lo uno refuerza lo otro?

....
....
....
....
....
....
....
....
....

4. «Encomienda a Jehová tu camino, y confía en él; y él hará. Exhibirá tu justicia como la luz, y tu derecho como el mediodía» (Salmos 37:5-6). Según estos versículos, ¿en qué pone su confianza el salmista? ¿Qué le brinda tal confianza?

....
....
....
....
....
....
....
....
....

Escucha dependiente y abierta

Escuchar activamente la voz de Dios requiere nuestra total *dependencia* en Él y en su programación para nuestras vidas. ¿Ha escuchado alguna vez el comentario: «Haz como si tu vida dependiera de ello»? Esta debe ser nuestra manera de escuchar, porque nuestras vidas *sí* dependen de que escuchemos.

¿Lee usted su Biblia como si fuera el propio alimento para su alma? ¿Escucha para que Dios le diga qué hacer, con la conciencia de que si Él *no* le dice qué hacer, usted en realidad no tiene nada qué hacer? Esta fue la posición de los profetas en el Antiguo Testamento, y la posición de Jesús en el Nuevo Testamento. Esta fue la posición de los apóstoles cuando intentaron hacer lo que Jesús les llamó a hacer, y es la posición que como creyentes en Cristo también debemos adoptar hoy día. No debemos tener ningún otro plan que el de la agenda de Dios. No debemos programar otra cosa aparte de su programa.

También debemos llegar ante el Señor con corazones y mentes *abiertas* para recibir lo que decida otorgarnos. Escuchar en forma abierta significa estar dispuestos a oír que Dios nos corrige y nos consuela, que nos acusa y nos da seguridad, y que nos castiga y nos elogia. No siempre escucharemos lo que Dios tiene que decir si llegamos ante Él con la única disposición de oír de Él palabras de prosperidad, bendición y consuelo.

Desdichadamente, mientras menos dispuestos estemos a escuchar palabras de corrección, mayor es nuestra necesidad de corrección. Así que lleguemos delante del Señor con humildad y dependientes en que el Espíritu Santo traiga a nuestra mente las áreas de nuestra vida que deben cambiar. Aceptemos tanto lo positivo como lo negativo que el Señor nos declara acerca de nosotros. Reconozcamos que sus palabras de corrección son para nuestro bien y que son tan amorosas como sus palabras de consuelo.

En el momento que le decimos al Señor: «Haré cualquier cosa *menos...*» o «Iré a cualquier parte, *menos...*», ya no somos receptivos. En el momento que señalamos: «Confío en ti todo aspecto de mi vida, *excepto...*», ya no estamos abiertos. En el momento que expresamos: «No creo que *alguna vez* harías...», ya no somos receptivos. No pongamos límites a lo que Dios pueda decirnos.

5. «¿Quién de los hombres sabe las cosas del hombre, sino el espíritu del hombre que está en él? Así tampoco nadie conoció las cosas de Dios, sino el Espíritu de Dios. Y nosotros no hemos recibido el espíritu del mundo, sino el Espíritu que proviene de Dios, para que sepamos lo que Dios nos ha concedido» (1 Corintios 2:11-12). ¿Por qué debemos depender totalmente del Espíritu Santo para entender la mente de Dios?

....

....

....

....

....

....

6. «Toda la Escritura es inspirada por Dios, y útil para enseñar, para redargüir, para corregir, para instruir en justicia, a fin de que el hombre de Dios sea perfecto, enteramente preparado para toda buena obra» (2 Timoteo 3:16-17). ¿Cuál es la diferencia entre *redargüir* y *corregir*? ¿Por qué lo uno y lo otro es necesario si usted quiere estar «enteramente preparado» para la obra que Dios le tiene?

....

....

....

....

....

....

ESCUCHA ATENTA Y CUIDADOSA

Cuando predico siempre miro a la congregación y les pido que escuchen con *atención* lo que el Señor les dice. A menudo tienen una libreta abierta y un bolígrafo listo para tomar notas. Buscan con diligencia la dirección de Dios. Estar atento significa literalmente atender o prestar atención a cada palabra. Esto es más que solo esperar que Dios hable. Tiene que ver con escuchar los diferentes significados de cada palabra y todos los aspectos del mensaje que Dios está dando. Cuando escuchamos atentamente, ¡no nos perdemos nada!

Oír *cuidadosamente* significa escuchar que el Espíritu Santo confirma si el mensaje que oímos viene realmente de Dios. Debemos poner a prueba todo lo que escuchamos, ya que debe estar alineado con la Palabra escrita de Dios. Debe estar totalmente de acuerdo con el ejemplo de la vida de Cristo. Debe estar en armonía con la manera en que Dios ha hablado a su pueblo a lo largo de los siglos. Escuchar con cuidado significa que lo que nos dice nos importa lo suficiente como para evaluar cada palabra en relación con la plenitud de la verdad de Dios.

7. «Amados, no creáis a todo espíritu, sino probad los espíritus si son de Dios; porque muchos falsos profetas han salido por el mundo. En esto conoced el Espíritu de Dios: Todo espíritu que confiesa que Jesucristo ha venido en carne, es de Dios; y todo espíritu que no confiesa que Jesucristo ha venido en carne, no es de Dios» (1 Juan 4:1-3). ¿Qué significa «probar los espíritus»? ¿Cómo hace esto un cristiano?

....

....

....

....

....

....

8. ¿Por qué es tan importante examinar todo mensaje? ¿Cómo se relaciona esto a escuchar atenta y cuidadosamente la voz de Dios?

....

....

....

....

....

....

Escucha sumisa y reverente

Oír de modo *sumiso* la voz de Dios significa hacerlo con la intención plena de obedecer. Si planeamos obedecer lo que oímos, obviamente nos preocuparemos por comprender. Esto incluye entender con quién debemos trabajar. El Señor rara vez nos llama a emprender proyectos totalmente por nuestra cuenta. Incluso cuando nos llama a reevaluar cierto aspecto de nuestras vidas personales, a menudo nos dirige hacia alguien en quien podamos confiar para que nos aconseje con sabiduría.

Cuando Jesús fue al huerto de Getsemaní la noche en que lo traicionaron, ya estaba totalmente comprometido con la voluntad de su Padre. Sin embargo, contendió con el Padre para determinar si había otra manera de lograr el propósito divino. Habrá ocasiones en que llegaremos ante Dios, lo escucharemos y lidiaremos con lo que oímos. Tal vez no desobedezcamos, pero quizás no comprendamos cómo o por qué Dios actúa en cierta forma.

Ser sumisos no significa perder automáticamente todos nuestros demás anhelos, que podríamos tener toda la vida. Sin embargo, finalmente someternos al mensaje de Dios es la única manera en que hallaremos auténtico significado y propósito en la vida. Solo cuando nos sometemos a Dios podemos escuchar claramente de Él y estar en una posición en que el Señor puede hacer todo lo que nos ha prometido. No dejemos que un espíritu de rebelión afecte nuestra capacidad de escuchar.

Por último, es importante escuchar con *reverencia*. Un corazón reverente se maravilla ante Dios. ¡Qué privilegio tenemos al escuchar al Dios del universo! Cuando escuchamos con reverencia, lo hacemos admirados en primer lugar porque Dios nos habla, y luego porque nos invita a ser parte de sus planes y propósitos. No debemos dar a Dios por sentado y suponer que Él existe para nuestro placer y nuestras demandas. Más bien, existimos para adorar, servir y ser amigos de Dios.

Jesús declaró reiteradamente a sus discípulos: «El que tiene oídos para oír, oiga» (Mateo 11:15). Todos estos aspectos de escucha activa son maneras en que demostramos tener realmente estos «oídos para oír».

Así que hoy día hagamos una declaración personal de que escucharemos la voz de Dios en forma *expectante, silenciosa, paciente, confiada, dependiente, abierta, atenta* y *cuidadosa*.

9. «Yendo un poco adelante, se postró sobre su rostro, orando y diciendo: Padre mío, si es posible, pase de mí esta copa; pero no sea como yo quiero, sino como tú» (Mateo 26:39). ¿De qué manera demostró Jesús sumisión total a la voluntad de Dios?

10. «Que en el nombre de Jesús se doble toda rodilla de los que están en los cielos, y en la tierra, y debajo de la tierra; y toda lengua confiese que Jesucristo es el Señor, para gloria de Dios Padre» (Filipenses 2:10-11). ¿Entra usted en la presencia de Dios con una sensación de humildad o de familiaridad? Explique su respuesta.

HOY Y MAÑANA

Hoy: El Señor me llama a ser un oyente activo, con oídos para oír.

Mañana: Revisaré las maneras en que oigo a Dios y actuaré en áreas de escucha que debo mejorar.

ORACIÓN FINAL

Señor, está más allá de nuestra comprensión por qué decides hablar a individuos como nosotros, excepto cuando consideramos que Jesús nos ha hecho dignos y valiosos ante tus ojos. Oramos para ser oyentes activos en lugar de pasivos cuando se trata de escuchar tu voz. Padre celestial, eres nuestro Pastor perfecto y queremos escuchar tus palabras de forma expectante, silenciosa, paciente, confiada, dependiente, abierta, atenta, cuidadosa, sumisa y reverente. Ayúdanos hoy a estar dispuestos a recibir el mensaje que tienes para nosotros con la actitud correcta en nuestros corazones.

OBSERVACIONES Y PETICIONES DE ORACIÓN

Use este espacio para escribir todos los puntos clave, preguntas o peticiones de oración del estudio de esta semana.

Escuchemos a Dios a través de su Palabra

EN ESTA LECCIÓN

Enseñanza: ¿Cómo escucho la voz de Dios por medio de la Biblia?

Crecimiento: ¿Qué pasos puedo dar para crecer en leer, meditar y estudiar las Escrituras?

¿Ha pensado usted alguna vez en la diferencia entre simplemente *tener* algo y *manejarlo* de veras? Me refiero a la diferencia entre poseer algo, tenerlo a disposición, y saber realmente cómo manejarlo para sacarle el mayor provecho. Por ejemplo, hay directores de cine que hacen películas enteras usando sus teléfonos. Graban videos en sus aparatos y hacen toda la edición y elaboración a través de diferentes aplicaciones y *software*. Todo lo que necesitan puede descargarse y accederse directamente en las palmas de sus manos... si saben cómo hacer que funcione.

Ahora bien, conozco muchas personas que tienen buenos teléfonos, pero no creo que muchas de ellas (o tal vez *ninguna* de ellas) podrían hacer una película solo con sus teléfonos. Son dueñas de sus dispositivos, a los que tienen acceso. Pero no saben cómo manejarlos por completo para aprovecharlos al máximo. Creo que algo similar sucede hoy día con los creyentes en Cristo. Hay muchos cristianos que poseen un ejemplar de la Palabra de Dios... por lo general muchos de ellos. Sin embargo, ¿pueden *manejar* de veras esos ejemplares? ¿Saben cómo sacar el mayor provecho a esas páginas a fin de extraer de las Escrituras todo lo que necesitan?

Repito: si usted realmente quiere oír de Dios y escuchar su voz, debe saber cómo manejar la Biblia. Esto es lo que exploraremos en esta lección: tres pasos críticos para extraer lo mejor de nuestras Biblias a fin de que podamos oír a Dios cada día. Estos pasos son: (1) leer la Biblia, (2) reflexionar en la Biblia y (3) estudiar la Biblia.

LEER LA BIBLIA

Cuando hablamos de manejar realmente las Escrituras, debemos empezar con Isaías 55:9-11, que ofrece una hermosa descripción de la naturaleza sobre cómo Dios desea que su Palabra obre en su pueblo:

> Como son más altos los cielos que la tierra, así son mis caminos más alto que vuestros caminos, y mis pensamientos más que vuestros pensamientos.
>
> Porque como desciende de los cielos la lluvia y la nieve, y no vuelve allá, sino que riega la tierra, y la hace germinar y producir, y da semilla al que siembra, y pan al que come, así será mi palabra que sale de mi boca; no volverá a mí vacía, sino que hará lo que yo quiero, y será prosperada en aquello para que la envié.

Isaías nos recuerda en estos versículos que las Escrituras no fueron destinadas a ser pasivas. Son *activas*. Dios nos las comunicó para un propósito, no solo de enseñarnos algo, sino también de lograr algo en nuestras vidas: transformarnos. Pues bien, de nosotros depende que la realidad de esa transformación se lleve a cabo. ¿Por qué? Porque hay una diferencia entre *tener* algo y saber cómo *manejarlo*.

En cuanto a manejar correctamente la Palabra de Dios con la finalidad de escuchar de Él, lo primero que debemos hacer es *leerla*. Ahora bien, hay dos preguntas que son las que más escucho cuando de leer la Biblia se trata. La primera es: «¿Cuándo debo leerla?». Y la segunda es: «¿Cómo debo leerla?». Abordaremos tales preguntas porque son importantes.

¿Cuándo debo leer la Biblia? Todos los días. Cuando Jesús ofreció su oración modelo a sus discípulos, declaró: «El pan nuestro de cada día, dánoslo hoy» (Mateo 6:11). No dijo: «Dánoslo el domingo». Tampoco dijo: «Dame el pan de la Palabra de Dios aquí y allá». No, Jesús afirmó que este es pan *diario*, necesario para nuestra alimentación cotidiana como seres espirituales. Como ya dijimos, la hora del día no es tan importante. Cada uno de nosotros debe averiguar cuándo es el mejor momento para maximizar realmente la influencia que recibimos de las Escrituras. Pero debemos leer la Biblia a diario.

Tal vez no sintamos que necesitamos leer la Biblia todos los días. Quizás no nos gustaría desarrollar ese hábito, esa disciplina, pues nos parece más un lujo que una necesidad. Si ese es el caso, recomiendo que sigamos adelante y ayunemos los días en que no leamos la Palabra de Dios. En otras palabras, si no tenemos tiempo para leer la Biblia, no tenemos tiempo para la alimentación física. ¡Estamos hablando de las palabras de vida! Leamos la Palabra de Dios todos los días.

En segundo lugar, *¿cómo debo leer la Biblia?* La respuesta a esta pregunta es que debemos leerla atentamente. Leerla en oración. Leerla de manera expectante, como si estuviéramos esperando realmente que Dios nos diga algo. ¡Este no es cualquier libro antiguo! Es el libro de Dios. Por tanto, debemos estudiarlo con el mismo respeto y la misma expectativa que sentiríamos si tuviéramos una conversación real con el Creador del universo, porque eso es exactamente lo que sucede cada vez que nos involucramos con su Palabra. Leamos la Biblia con reverencia y anticipando que Dios tiene algo que decirnos.

Otra pregunta que escucho a menudo es: «¿Cuánto de la Biblia debo leer?». Mi respuesta es que depende de cada uno. Mucha gente decide leer la Biblia cada año, lo cual es fantástico. Sin embargo, permítame preguntar: ¿ingresa la Biblia en usted y a través de usted durante ese tiempo? ¿Permite que la Palabra tenga efecto dentro de usted? Leer la Biblia rápidamente, o de golpe, le dará una buena idea de qué se trata; no obstante, ¿la saborea usted? ¿Logra algo en su vida? De no ser así, pruebe con porciones más pequeñas. Lea un capítulo diario y vea si una cantidad más concentrada resulta en mayor transformación.

1. ¿Qué promesas específicas comunica Dios en Isaías 55:9-11? ¿Cómo desea Dios que su Palabra obre en su pueblo?

....

....

....

....

....

....

....

....

2. «Padre nuestro que estás en los cielos, santificado sea tu nombre. Venga tu reino. Hágase tu voluntad, como en el cielo, así también en la tierra. El pan nuestro de cada día, dánoslo hoy» (Lucas 11:2-3). ¿Por qué es importante tratar la Biblia como el «pan diario» de Dios para nuestra alma?

....

....

....

....

....

....

....

....

3. ¿Con qué palabras describiría usted sus experiencias con la lectura de la Biblia? ¿Cuándo le ha afectado de manera especial un pasaje de la Biblia?

....

....

....

....

....

....

....

....

....

REFLEXIONAR EN LA BIBLIA

El segundo paso para manejar correctamente las Escrituras es reflexionar en ellas. Si queremos encontrar a alguien que entendió tanto el valor como la costumbre de reflexionar en las Escrituras, no debemos ir más allá del rey David. Esto es lo que escribió en Salmos 1:1-3:

> Bienaventurado el varón que no anduvo en
>   consejo de malos,
> Ni estuvo en camino de pecadores,
> Ni en silla de escarnecedores se ha sentado;
> Sino que en la ley de Jehová está su delicia,
> Y en su ley medita de día y de noche.
> Será como árbol plantado junto a corrientes de aguas,
> Que da su fruto en su tiempo,
> Y su hoja no cae;
> Y todo lo que hace, prosperará.

David escribe que es bienaventurada la persona que se deleita en la ley del Señor y medita en ella día y noche. ¿Cómo hacemos esto? La Biblia revela cuatro pasos que podemos dar para reflexionar en la Palabra de Dios y deleitarnos en ella. Estos pasos son importantes, y en realidad *debemos* darlos todos, ya que nunca escucharemos realmente a Dios en una manera significativa a menos que aprendamos a estar callados en su presencia y nos enfoquemos en su Palabra.

El primer paso es revisar nuestro pasado. En su carta a los Filipenses, el apóstol Pablo reflexionó en su pasado y escribió que si alguien tenía razones para confiar en sus buenas obras y su celo religioso por Dios, era él. Había seguido desde pequeño la ley de Dios, pertenecía a la tribu distinguida de Benjamín, era fariseo (una clase de élite religiosa en Israel) y había alcanzado un nivel elevado de rectitud... podía correctamente afirmar que era «hebreo de hebreos». Pero Pablo se dio cuenta de que todo esto era *pérdida*, y que lo único que importaba de veras era su fe en Cristo (ver Filipenses 3:4-11).

Una de las mejores maneras de mantenernos humildes delante de Dios es recordar de dónde vinimos. Hay algo maravilloso en pasar tiempo cada noche con Dios para reflexionar en nuestra vida y revisar el curso del día. Habrá cosas buenas. También habrá cosas que nos gustaría cambiar, incluso algunas que probablemente debamos confesar al Señor. «Señor, no debí haber dicho eso. Debí haber hecho eso». En resumen, revisar el pasado nos recordará el tierno cuidado de Dios en nuestro corazón durante todo el día y a lo largo de nuestra vida.

El segundo paso es reflexionar en quién es Dios y en lo que ha hecho. Cuando se trata de quién es Dios, hay mucho en qué reflexionar. Podemos reflexionar en su grandeza: Él es el Creador todopoderoso del universo. Podemos reflexionar en su gracia: a pesar de ser todopoderoso, Dios también es bueno, afectuoso, compasivo y sensible a nuestros deseos y necesidades. También podemos reflexionar en la bondad de Dios. Recordemos todas las formas en que nos ha provisto fielmente y cómo nos ha ayudado a atravesar las temporadas más difíciles. Él es bueno.

El tercer paso es recordar las promesas de Dios. Es una experiencia maravillosa leer acerca de las promesas de Dios en su Palabra. ¿Por qué? Porque si ponemos atención, veremos a Dios cumpliendo una y otra vez tales promesas. Cuando conocemos la Palabra de Dios, podemos orar así sus promesas: «Señor Dios, tú dijiste esto». Cuando esas promesas se cumplen, se convierten en una realidad de vida y en un testimonio para Él en una forma que no podríamos comenzar a comprender por nosotros mismos.

El cuarto y último paso es hacerle una petición a Dios. En Lucas 17:5 leemos de cómo los discípulos de Jesús le dijeron al Señor: «Auméntanos la fe». Al reflexionar en la Palabra de Dios se aumenta nuestra fe, se amplía nuestra perspectiva y sin dudar nos encontramos haciéndole peticiones a Dios. Esto se debe a que mientras más reflexionamos en Dios y su Palabra, más comprendemos que Él puede manejar todas nuestras peticiones... y que le gusta bendecir a sus hijos.

4. «Nunca se apartará de tu boca este libro de la ley, sino que de día y de noche meditarás en él, para que guardes y hagas conforme a todo lo que en él está escrito; porque entonces harás prosperar tu camino, y todo te saldrá bien» (Josué 1:8). ¿De qué manera medita usted en la Palabra de Dios? ¿Cuáles son los beneficios de hacer esto?

....
....
....
....
....
....
....
....

5. ¿De qué maneras puede usted revisar hoy día su pasado con Dios? ¿En qué atributos de Dios puede reflexionar durante su tiempo de oración?

....
....
....
....
....
....
....
....
....

6. «Conoce, pues, que Jehová tu Dios es Dios, Dios fiel, que guarda el pacto y la misericordia a los que le aman y guardan sus mandamientos, hasta mil generaciones» (Deuteronomio 7:9). ¿Qué promesas le ha cumplido Dios? ¿Cómo le ha demostrado fidelidad?

....
....
....
....
....
....
....
....

7. «Esta es la confianza que tenemos en él, que si pedimos alguna cosa conforme a su voluntad, él nos oye» (1 Juan 5:14). ¿Qué peticiones desea usted hacerle a Dios? ¿Qué significa pedir «conforme a su voluntad»?

....
....
....
....
....
....
....
....

Estudiar la Biblia

Una de las razones principales que las personas me dan de por qué no leen la Biblia es simplemente que no la entienden. Les cuesta seguirla. Esto tiene sentido hasta cierto punto. La Biblia se escribió durante un período completamente distinto en la historia y a veces puede ser difícil comprenderla. Dicho esto, ¿cómo entonces podemos comenzar a entenderla?

Como ya mencionamos, empecemos leyéndola y reflexionando en ella. Una vez hecho esto, damos el paso siguiente de estudiarla.

Cavamos más profundo si queremos realmente escuchar a Dios. Observemos que esto no tiene que ser complicado. Digamos que alguien nos agravió. Sabemos que debemos perdonar a ese individuo, pero es difícil. ¿Qué debemos hacer?

Podríamos preguntar: «Dios, ¿qué dice tu Palabra en cuanto al perdón?». Luego buscamos en una concordancia la palabra *perdón* y llegamos al pasaje de Mateo sobre el Sermón del Monte, y nos enteramos exactamente lo que Jesús manifestó acerca del perdón. Después buscamos otros versículos y aprendemos más, y nuestro entendimiento aumenta. Esto es lo que significa *estudiar* la Biblia. Al poco tiempo Dios nos mostrará cómo manejar nuestro espíritu de falta de perdón. Nos mostrará cómo progresar en nuestra relación con quien nos hizo daño.

Podemos estudiar palabras específicas, un capítulo y todo un libro de la Biblia a fin de aprender qué *tema* resalta el autor a sus lectores. Por ejemplo, el tema del libro de Filipenses es el gozo. El tema de Colosenses es el señorío de Cristo. El tema de Gálatas es la gracia de Cristo. Lo importante es que no debemos leer en un nivel superficial cuando nos comprometemos con la Biblia. Meditemos en ella. Estudiemos la Palabra de Dios.

Además, consigamos herramientas de ayuda para estudiar, como un diccionario bíblico, un comentario o una buena concordancia. Una de las ayudas maravillosas a las que tenemos acceso hoy día es el *software* bíblico. También hay disponibles en línea muchos recursos basados en la Biblia. Con solo pulsar un botón tenemos acceso a toda una biblioteca de herramientas que nos ayudan a estudiar. Tenemos acceso a más información sobre la Biblia que cualquier generación de seguidores de Cristo en la historia de la Iglesia. Así que usémosla. Estudiemos la Palabra de Dios si queremos escuchar su voz.

No hay ningún libro en el mundo como el de Dios. Cuando lo leemos, reflexionamos en él y luego lo estudiamos y lo aplicamos a nuestra vida, nos convertimos en un tesoro vivo y ambulante. Nos enriquecemos en lo que importa de veras. El dinero no puede comprar la riqueza a la que tenemos acceso por medio de la Biblia. La muerte no puede arrebatarla. Se trata de riqueza eterna. ¿Y sabe qué? Tenemos el banco justo a la mano.

8. «Procura con diligencia presentarte a Dios aprobado, como obrero que no tiene de qué avergonzarse, que usa bien la palabra de verdad» (2 Timoteo 2:15). ¿Por qué el estudio diligente de la Palabra de Dios es necesario en la vida del creyente?

9. ¿Qué luchas ha encontrado usted en el pasado con relación al estudio de la Palabra de Dios? ¿Cuáles son algunas herramientas que puede usar para superar tales obstáculos?

10. ¿De qué manera ha visto usted que Dios le habla a través de su Palabra? ¿Qué efecto ha hecho la Biblia en su vida como creyente en Cristo?

HOY Y MAÑANA

Hoy: Dios está listo para hablarme a través de su Palabra.

Mañana: Me comprometeré a leer, meditar y estudiar la Biblia cada día esta semana.

ORACIÓN FINAL

Padre, te amamos, te alabamos y te agradecemos por tu Palabra. Te pedimos hoy día que podamos manejar tu Palabra de manera apropiada y que permitamos que tu mensaje se impregne profundamente en nuestros corazones. Cualquiera que sea la etapa en que nos encontremos en la vida (jóvenes, estudiantes universitarios, adultos mayores) oramos para que no olvidemos leer tu Palabra y para saber aplicarla a las situaciones que enfrentemos. Recordamos que nos dijiste que oráramos así: «El pan nuestro de cada día, dánoslo hoy». Queremos buscar cada día el alimento de tu Palabra.

OBSERVACIONES Y PETICIONES DE ORACIÓN

Use este espacio para escribir todos los puntos clave, preguntas o peticiones de oración del estudio de esta semana.

FALLA EN ESCUCHAR A DIOS

EN ESTA LECCIÓN

Enseñanza: ¿Qué sucede cuando no escuchamos a Dios?

Crecimiento: ¿De qué manera me evalúo para asegurarme de que estoy oyendo y obedeciendo la voz de Dios?

A lo largo de este estudio hemos aprendido a prepararnos para escuchar de Dios. Hemos obtenido una mejor comprensión de las maneras en que Dios habla y mediante las cuales intenta captar nuestra atención. Hemos explorado cómo diferenciar entre la voz de Dios y las demás voces que tratan de influir en nosotros cada día. Estas son habilidades y prácticas fundamentales para vivir la vida cristiana... y para vivirla bien. Poco podemos hacer para producir crecimiento espiritual y material que sea más eficaz que escuchar a Dios.

Pero esto plantea una nueva pregunta: *¿qué pasa si no escuchamos?* Dios nos habla claramente, y es fiel en comunicarnos su plan y sus propósitos. Sin embargo, ¿qué sucede cuando no oímos lo que nos dice, o cuando no *escuchamos*, aunque sí oímos? Esto es lo que exploraremos en esta lección. Comenzaremos viendo Génesis 3:1-7, ya que este es el primer lugar, y probablemente el mejor, en la Biblia para ilustrar lo que sucede cuando no escuchamos a Dios:

> La serpiente era astuta, más que todos los animales del campo que Jehová Dios había hecho; la cual dijo a la mujer: ¿Conque Dios os ha dicho: No comáis de todo árbol del huerto? Y la mujer respondió a la serpiente: Del fruto de los árboles del huerto podemos comer; pero del fruto del árbol que está en medio del huerto dijo Dios: No comeréis de él, ni le tocaréis, para que no muráis. Entonces la serpiente dijo a la mujer: No moriréis; sino que sabe Dios que el día que comáis de él, serán abiertos vuestros ojos, y seréis como Dios, sabiendo el bien y el mal. Y vio la mujer que el árbol era bueno para comer, y que era agradable a los ojos, y árbol codiciable para alcanzar la sabiduría; y tomó de su fruto, y comió; y dio también a su marido, el cual comió así como ella. Entonces fueron abiertos los ojos de ambos, y conocieron que estaban desnudos; entonces cosieron hojas de higuera, y se hicieron delantales.

Este relato representa el inicio del problema de la humanidad con el pecado, complicación que ha continuado a lo largo de la historia registrada. Pero es difícil obtener una comprensión total del relato si no regresamos unos cuantos versículos y vemos Génesis 2:16-17, donde nos enteramos que Dios le dijo a Adán: «De todo árbol del huerto podrás comer; mas del árbol de la ciencia del bien y del mal no comerás; porque el día que de él comieres, ciertamente morirás». Al leer estos versículos es evidente que Dios habló, y que lo hizo con claridad. No había lugar para malentendido. El Señor decretó: «No comerás».

También es evidente al leer Génesis 3:1-7 que Adán y Eva no cumplieron lo que Dios ordenó. Desobedecieron. Por tanto, en esta lección nos esforzaremos por descubrir qué sucedió y cómo estos acontecimientos se aplican hoy a nuestras vidas. Específicamente exploraremos cuatro consecuencias de no escuchar a Dios: (1) somos engañados fácilmente, (2) tomamos decisiones altivas, (3) culpamos a otros por nuestras equivocaciones y (4) nos perdemos lo mejor de Dios para nuestras vidas.

1. ¿Cómo sabemos por esta narración que Dios habló *claramente* a Adán y Eva y que ellos entendieron *claramente* que no debían comer de ese único árbol en el huerto del Edén?

2. ¿Qué podemos aprender en estos versículos en cuanto a nuestro enemigo, la «serpiente» o Satanás?

SOMOS ENGAÑADOS FÁCILMENTE

Tanto Adán como Eva escucharon las instrucciones de Dios, pero cuando la serpiente entró al huerto del Edén representó una nueva voz en sus vidas, una voz extraña que era diferente de la de Dios. Y tanto Adán como Eva decidieron escucharla.

De manera similar, cuando no tenemos presente lo que Dios ha dicho escucharemos voces equivocadas. Pensemos en cuántas voces escuchamos cada día: cuántos puntos de vista bombardean continuamente nuestro corazón, mente, alma y espíritu. ¡Es algo constante! Prendemos la televisión, escuchamos la radio, leemos una revista, nos conectamos en línea... y allí están las voces. Nos bombardean con gran cantidad de filosofía vana, vacía, errónea, antibíblica e impía. Por tanto, tenemos una opción: ¿escucharemos o no la voz de Dios?

Adán y Eva escucharon la voz equivocada, y como resultado fueron engañados por la serpiente. En Génesis 3:2-3 leemos que Eva le explicó a la serpiente que Dios les había ordenado que no comieran del árbol del conocimiento del bien y el mal. Pero a esto el enemigo respondió: «No moriréis; sino que sabe Dios que el día que comáis de él, serán abiertos vuestros ojos, y seréis como Dios, sabiendo el bien y el mal» (vv. 4-5).

Observemos cómo tergiversó Satanás las palabras de Dios. En Génesis 2:17 el Señor había dicho claramente que, si Adán y Eva comían del árbol, «ciertamente morirían». Ahora Satanás se acercó y declaró: «*No* moriréis»; usó casi el mismo lenguaje, pero con un pequeño giro, un pequeño engaño que cambió todo. Jesús diría más tarde acerca de los fariseos: «Vosotros sois de vuestro padre el diablo, y los deseos de vuestro padre queréis hacer. Él ha sido homicida desde el principio, y no ha permanecido en la verdad, porque no hay verdad en él» (Juan 8:44).

Satanás es un engañador. Siempre viene a nosotros con lo que sabe que nos atrae: nuestra carne. No se nos acerca con la verdad. Es más, no puede hablar verdad porque por naturaleza es mentiroso. Pero cuando no estamos en la Palabra de Dios, y cuando no refrescamos nuestros corazones y nuestras mentes con lo que Dios dice, comenzamos a escuchar la voz de Satanás. Nos abrimos al engaño. Allí es cuando Satanás dice: «Necesitas esto... mereces eso... esto es exactamente lo que has estado buscando». Cuando escuchamos al enemigo, pronto nos metemos en problemas.

3. «El principio de la sabiduría es el temor de Jehová; los insensatos desprecian la sabiduría y la enseñanza» (Proverbios 1:7). ¿De qué manera «el temor de Jehová» y escuchar su voz lleva a la sabiduría? ¿Cómo escuchar al enemigo nos lleva a ser engañados?

....
....
....
....
....
....

4. ¿Por qué al enfrentar una decisión es vital escuchar a Dios y *recordar* lo que Él declaró?

....
....
....
....
....
....
....

Tomamos decisiones basadas en altivez

Cuando no escuchamos a Dios, lo que esencialmente hacemos es expresar orgullo. Lo que estamos diciendo es que podemos manejar muy bien las cosas por nuestra cuenta. Eva había escuchado exactamente lo que el Señor ordenó, pero decidió que en lugar de escuchar a Dios, escucharía a Satanás. Este había manifestado que Eva sería como Dios si comía del fruto que era prohibido. En realidad, no moriría. Sería sabia. Comprendería lo mismo que Dios comprendía.

«Vio la mujer que el árbol era bueno para comer, y que era agradable a los ojos, y árbol codiciable para alcanzar la sabiduría; y tomó de su fruto, y comió» (Génesis 3:6). Eva escuchó la voz de Satanás y decidió seguirle el consejo. Este fue un acto de independencia de su parte y un acto de soberbia. Creyó que podía encontrar un camino mejor que el de Dios.

La verdad es que todo nuestro pecado tiene en definitiva su origen en el orgullo. A pesar de lo que Dios ha comunicado en nuestros corazones y a través de su Palabra, de alguna manera expresamos: «Creo que puede haber una mejor manera». Cuando hacemos esto, lo que sugerimos es que sabemos las cosas mejor que Dios. Déjeme decirlo con otras palabras: *creemos que sabemos más que un Dios omnisciente, que lo ve todo y que es todopoderoso*. En pocas palabras, eso es soberbia... y nos perjudicará todo el tiempo. Es rebelión en nuestros corazones contra Dios.

Una vez que cedemos ante nuestro orgullo, comenzamos a tomar decisiones basándonos en lo que es atractivo para nuestra carne. En el huerto del Edén, Satanás apeló a tres facetas de experiencia humana, tres facetas de deseo humano. Primera, Eva pensó en su *apetito* cuando vio «que el árbol era bueno para comer». Segunda, Eva vio que el fruto era atractivo, «que era agradable a los ojos». Esto apeló a su deseo de *belleza*. Tercera, Eva creyó que comer el fruto la haría «alcanzar la sabiduría», lo cual significa que apeló a su deseo de ser *sabia*.

Observemos además que una vez que Eva decidió comer, dio del fruto «también a su marido». A veces tenemos la impresión de que Eva fue engañada mientras Adán estaba haciendo algo sagrado o espiritual. No, él se hallaba allí con ella. Ambos fueron engañados, en parte porque ambos tomaron decisiones basadas en sus apetitos carnales.

Ahora bien, no hay nada malo con nuestros apetitos dados por Dios. No existe nada intrínsecamente malo con desear belleza o sabiduría. Dios es quien nos otorgó todos los apetitos que poseemos. Nos los concedió, y ofreció el Espíritu Santo para ayudarnos a mantener esos apetitos bajo control y en equilibrio. Pero perdemos tal control cuando dejamos de escuchar al Espíritu.

5. «Antes del quebrantamiento es la soberbia, y antes de la caída la altivez de espíritu» (Proverbios 16:18). ¿Hubo algún momento en que usted creyó haber encontrado una manera mejor de hacer las cosas que la de Dios? ¿Qué sucedió como resultado de seguir ese curso?

....

....

....

....

6. «Haced morir, pues, lo terrenal en vosotros: fornicación, impureza, pasiones desordenadas, malos deseos y avaricia, que es idolatría» (Colosenses 3:5). ¿En qué maneras el mundo tienta y seduce a los creyentes en Cristo a través de sus apetitos? ¿Cómo «hacemos morir» tales cosas, según aconseja Pablo?

....

....

....

....

....

....

....

....

....

....

CULPAMOS A OTROS POR NUESTROS ERRORES

Cuando no escuchamos a Dios empezamos a ofrecer excusas por nuestras equivocaciones. Típicamente, tales excusas implican culpar a otros cuando todo sale mal. En Génesis 3:8 leemos que Adán y Eva «oyeron la voz de Jehová Dios que se paseaba en el huerto, al aire del día». Solo imaginemos eso por un momento. ¿Cómo sería que caminara hacia nosotros la santidad, la omnipotencia, la soberanía, el amor, la justicia, la rectitud, la bondad y la mansedumbre?

Anteriormente Adán y Eva habían acogido con beneplácito la presencia de Dios. Pero ahora que sus ojos habían sido abiertos a la realidad de su propia pecaminosidad, el sonido del Señor acercándoseles fue aterrador. Entonces se escondieron porque tuvieron miedo. Dios los encontró rápidamente y luego los confrontó respecto a la decisión que habían tomado de no escucharlo:

Dios le dijo: ¿Quién te enseñó que estabas desnudo? ¿Has comido del árbol de que yo te mandé no comieses? Y el hombre respondió: La mujer que me diste por compañera me dio del árbol, y yo comí. Entonces Jehová Dios dijo a la mujer:

¿Qué es lo que has hecho? Y dijo la mujer: La serpiente me engañó, y comí». (vv. 11-13)

Notemos que cuando Dios preguntó a Adán si le había desobedecido, este culpó a Eva y luego ella culpó a la serpiente. ¿Con qué frecuencia hoy día hacemos lo mismo: culpar a los demás por nuestros errores? Lo hacemos todo el tiempo. Intentamos pasar a otros la responsabilidad por nuestras decisiones pecaminosas. Pero la realidad es que siempre somos responsables ante Dios, y que nuestro pecado tiene consecuencias.

Para Adán y Eva esas consecuencias estuvieron vinculadas a una serie de maldiciones, y todas ellas aún nos agobian hoy día (ver vv. 16-19). Como resultado del pecado, nuestro mundo se ha corrompido. Nuestras relaciones se han dañado. Nuestros cuerpos físicos experimentan dolor y muerte. Nuestros días están llenos de fatiga. Padecemos separación de nuestro Padre celestial.

Pero hay un elemento interesante al final de la narración que no deberíamos pasar por alto: «Dios hizo al hombre y a su mujer túnicas de pieles, y los vistió» (v. 21). Recordemos que Adán y Eva estaban desnudos y temerosos, lo cual fue una de las consecuencias de no escuchar a Dios. ¿Qué hizo entonces el Señor? Mató un animal, un sacrificio, a fin de proporcionar para sus hijos. Lo cual significa que allí, junto a la historia de la caída, hay una imagen de la gracia de Dios.

7. «El que encubre sus pecados no prosperará; mas el que los confiesa y se aparta alcanzará misericordia» (Proverbios 28:13). ¿Por qué es fundamental admitir nuestros errores cuando los cometemos? ¿Por qué a menudo nos cuesta tanto hacer esto?

8. «No os engañéis; Dios no puede ser burlado: pues todo lo que el hombre sembrare, eso también segará» (Gálatas 6:7). ¿Cómo ve usted en su vida este principio de «siembra y cosecha»?

....

....

....

....

....

....

....

....

Perdemos lo mejor de Dios

El acto de desobediencia de Adán y Eva trajo no solo consecuencias negativas para ellos mismos, sino también para los miembros de su familia. Esto ocurre siempre con el pecado. Nuestras acciones rebeldes ocasionan siempre un gran efecto dominó de sufrimiento y dolor en las vidas de quienes amamos.

Ya hemos visto cómo Adán y Eva se ocasionaron sufrimiento mutuo. Pero las cosas empeoraron cuando pasamos a Génesis 4 y leemos el relato de Caín y Abel. En particular, la historia de Caín asesinando a su hermano Abel a causa de celos y soberbia. Y el asunto no se detuvo allí. Caín fue expulsado de su familia y obligado a empezar una nueva vida con otra maldición sobre la cabeza. Los descendientes de Caín continuaron en su violencia y profundizaron su derramamiento de sangre. La historia de la civilización humana muestra este ciclo de sufrimiento y de ocasionar sufrimiento a otras personas.

El pecado no es algo que podamos aislar. Se extiende. Se multiplica. Siempre se desata cuando no escuchamos a Dios. Y siempre lleva a sufrimiento y nos hace perder lo mejor de Dios. Nos perdemos sus planes y propósitos, los cuales siempre son mucho mejor que todo lo que se nos ocurra. En el caso de Adán y Eva, perdieron el huerto del Edén. Se perdieron la felicidad perfecta, inmaculada y eterna que Dios había planeado para ellos desde el principio de la creación. Lo mismo es cierto para nosotros en este lado de la eternidad.

No nos perdamos lo mejor de Dios para nuestra vida. Si queremos evitar las consecuencias de la desobediencia, de no escuchar a Dios, debemos relacionarnos con la Palabra de Dios. Debemos ser parte de una iglesia que enseña la Palabra de Dios. Al hacerlo, no solo aprenderemos a escuchar al Señor, sino que también recibiremos bendición tras bendición y gracia sobre gracia.

9. «Poderoso es Dios para hacer que abunde en vosotros toda gracia, a fin de que, teniendo siempre en todas las cosas todo lo suficiente, abundéis para toda buena obra» (2 Corintios 9:8). ¿En qué maneras ha visto usted que Dios le extiende personalmente su gracia? ¿Cómo puede usted, al escuchar la voz de Dios y por medio de su dirección, extender gracia divina a otros?

10. ¿Cómo describiría usted los planes y propósitos de Dios para su vida? ¿Cómo ve la obediencia a la voluntad de Dios como parte de lograr tales planes y propósitos?

HOY Y MAÑANA

Hoy: Siempre hay consecuencias cuando no escucho la voz de Dios.

Mañana: Daré los pasos necesarios esta semana para evitar las consecuencias del pecado.

ORACIÓN FINAL

Padre celestial, te amamos y alabamos por tu provisión increíble para noso-tros. Gracias por la historia de Adán y Eva en la Biblia. Aunque sabemos que es la narración de una tragedia, también es un relato de triunfo. Porque inclu-so en el huerto del Edén, al comienzo del pecado de la humanidad, y de la des-obediencia y rebelión contra nuestro Creador, prometiste que vendría un Mesías y nos daría un destello de tu redención mediante el derramamiento de la sangre de Cristo. Te amamos y alabamos por enviarnos a Jesús.

OBSERVACIONES Y PETICIONES DE ORACIÓN

Use este espacio para escribir todos los puntos clave, preguntas o peticiones de oración del estudio de esta semana.

Sentados en la presencia de Dios

Enseñanza: ¿Cómo puedo poner en práctica todas estas teorías?

Crecimiento: ¿Cómo puedo aprender a escuchar a Dios?

En esta lección final reuniremos los conceptos que hemos cubierto en este estudio y veremos un proceso de aprender a escuchar a Dios llamado *meditación*. En los últimos años se ha asociado en gran manera a la meditación con religiones orientales, pero debemos recordar que los cristianos han practicado durante siglos medita-ción piadosa centrada en la Biblia. Quizás usted se sienta más có-modo usando los términos *reflexión* o *contemplación*. Me gusta la frase «sentado delante del Señor».

Cuando el rey David comenzó a hacer planes de construir un templo en Jerusalén para el Señor, la Biblia establece que «se sentó delante del Señor» (2 Samuel 7:18, nbv). Esta es para mí una frase descriptiva que define nuestro comportamiento espiritual más que nuestra postura física. La posición habitual para la oración judía era estar de pie en la presencia de Dios. Pero David se hallaba sentado, arrodillado y descansando sobre sus talones, escuchando con humildad lo que Dios iba a decirle.

Cuando se trata de «sentarse delante del Señor» y pasar tiempo en meditación, existen cinco pasos básicos que debemos seguir: (1) dedicar tiempo, (2) permanecer en silencio delante del Señor, (3) recordar la bondad del Señor, (4) hacer una petición y (5) someter nuestra voluntad a la respuesta de Dios. A medida que analizamos cada paso, le animo a pensar: «¿Cómo puedo hacer esto?». No basta con aprender estos pasos. Debemos darlos y experimentar lo que es escuchar a Dios y oír de Él.

Después de seguir los pasos de meditación pasaremos a los resultados que prácticamente todas las personas experimentan tras un tiempo de meditación. Estos incluyen una sensación permanente de paz interior, una renovación de actitud positiva, una sensación de intimidad personal con el Señor, una comprensión interior de purificación y una pasión por obedecer a Dios en el futuro.

1. «Bueno es Jehová a los que en él esperan, al alma que le busca» (Lamentaciones 3:25). ¿Qué significa esperar en el Señor? ¿En qué maneras busca usted al Señor?

2. «En tus mandamientos meditaré; consideraré tus caminos. Me regocijaré en tus estatutos; no me olvidaré de tus palabras» (Salmos 119:15-16). ¿Por qué es importante meditar en los preceptos de Dios y contemplar sus caminos si usted quiere escuchar su voz?

....

....

....

....

....

....

....

....

DEDICAR TIEMPO PARA ESTAR CON DIOS

La meditación requiere un compromiso de tiempo. Le animo a pensar en esto como un *período*. El tiempo exacto, sean cinco minutos o una hora, estará determinado por el propósito que tengamos y la situación en que nos encontramos cuando llegamos delante del Señor. Si nos hallamos en profunda angustia, o si enfrentamos una decisión importante, debemos contar con pasar más tiempo con el Señor.

Analicemos con los miembros de nuestra familia y con otras personas que dependan de nosotros nuestra necesidad de estar con el Señor. Encontremos un tiempo y un lugar donde podamos estar exclusivamente con Él. Hagamos una cita con el Señor. En ocasiones me voy durante un fin de semana o toda una semana para estar a solas con Dios. Otras veces designo medio día para no hacer nada más que sentarme en la presencia de Dios con mi Biblia abierta ante mí. Reservemos tiempo suficiente para pasar por el proceso de desaceleración. Tengamos en cuenta que podemos tardar tiempo en apartar toda nuestra atención de los asuntos del mundo.

En anticipación a nuestro tiempo con el Señor, pidámosle que haga en nosotros estas tres cosas. *Primera, oremos para tener una mente y un corazón abiertos.* No entremos en un tiempo de meditación delante del Señor con un espíritu cerrado. *Segunda, oremos para que Dios nos ayude a tener claridad de corazón y mente.* Nuestro deseo debe ser escuchar la voz de Dios y tener una comprensión firme de que lo que escuchamos está alineado con la Palabra de Dios. Pidamos al Señor que quite cualquier duda o vacilación de nuestro pensamiento. *Finalmente, oremos para que el Señor nos ayude a tener un corazón y una mente libres de estorbos.* Pidámosle a Dios que nos ayude a poner a un lado las preocupaciones, frustraciones y problemas que tengamos.

Pidámosle al Señor que nos ayude a mantenernos enfocados en Él durante nuestro tiempo de meditación. Recordemos que nuestro objetivo al llegar delante del Señor es tener una mente comprometida en escucharlo, no en tener una mente cargada, nublada o confusa. Así que pidámosle al Señor que nos ayude a este respecto para que nuestro tiempo de meditación dé buen fruto. Las sensaciones asociadas con reservar tiempo por lo general son entusiasmo, anticipación, concentración, dominio propio, propósito y sed de escuchar a Dios.

3. ¿Qué tan fácil o difícil le resulta a usted reservar tiempo cada día para estar con Dios? ¿Qué retos y obstáculos enfrenta normalmente al establecer este tiempo?

....

....

....

....

....

....

4. ¿Qué sentimientos tuvo usted mientras anticipaba su cita con Dios? (Regístrelos después de su tiempo de meditación).

....

....

....

....

....

....

PERMANECER EN SILENCIO DELANTE DE DIOS Y RECORDAR SU BONDAD

Al comenzar nuestro tiempo de meditación, permanezcamos callados delante de Dios. Fijemos nuestros pensamientos en Él. La verdadera calma delante del Señor implica una sensación de relajación y tranquilidad en su presencia. Descubro que la paz más maravillosa llega cuando lo veo como un amigo que camina y habla conmigo junto a la playa, o en un sendero de montaña, o sentado a mi lado en mi sala de estar o estudio, o sentado frente a mí en la mesa de la cocina. El Señor desea estar con nosotros. Los sentimientos que a menudo se asocian con permanecer silenciosos son reverencia, asombro, conciencia, cercanía, sosiego, deleite y eternidad.

Después de lo antedicho, recordemos la bondad de Dios. Muchas veces en el Antiguo Testamento leemos cómo el pueblo de Dios fue llamado a recordar todas las cosas buenas que el Señor había hecho por ellos. Mientras pasamos tiempo en quietud de corazón delante del Señor, *revisemos en primer lugar nuestro pasado*. Pensemos en nuestra vida y recordemos las veces que Dios nos ha protegido, nos ha provisto, nos ha bendecido y nos ha cuidado.

Segundo, reflexionemos en el Señor mismo, en su grandeza, en su gracia y en su bondad. Al hacer esto, podría resultarnos útil recordar algunos de los nombres de Dios en la Biblia, tales como Jehová, Yahvé, Elohim, que indican la naturaleza de Dios como eterno, infinito en poder y absolutamente fiel. *Finalmente, recordemos las promesas de Dios.* Sus promesas son para todos sus hijos de todas las generaciones. Él nos promete proveer para nosotros y hacer que todo resulte para nuestro bien eterno, protegernos del mal, concedernos su paz, perdonar nuestro pecado, darnos su Espíritu y no dejarnos ni abandonarnos.

Los sentimientos asociados con este paso de meditación por lo general son gozo, fe, un derramamiento de amor, acción de gracias, humildad, alabanza, una sensación positiva del futuro y un afán en ver lo que Dios hará a continuación.

5. ¿Cuánto tiempo le tomó a usted estar quieto delante del Señor? ¿Qué distracciones específicas le llegaron mientras lo hacía?

(Enumere a continuación esos obstáculos a fin de poder evitarlos en tiempos futuros de meditación).

....

....

....

....

....

....

....

6. ¿Cuáles son algunas de las cosas que le recordó el Señor durante el tiempo que pasó con Él? (Regístrelas a continuación y regrese a ellas en días venideros).

....

....

....

....

....

....

....

Hacerle una petición a Dios y someterse a su voluntad

Muchos de nosotros nos apresuramos en esta fase de hacer una petición a Dios. Pero es más significativo pedirle al Señor *después* de haber entrado en su presencia con corazón y mente comprometidos, y eliminado los obstáculos de pecado o de falsa comprensión que podrían evitar que escuchemos con claridad. Es posible que nuestras peticiones sean muy distintas después de haber pasado tiempo recordando la obra de Dios en nuestra vida. Es mucho más probable que pidamos los deseos auténticos de nuestro corazón, no meros deseos frívolos.

Al dar este paso, expresemos nuestra petición a Dios lo más simple posible. Lleguemos al mismo núcleo de lo que queremos que el Señor haga por nosotros, en nosotros o a través de nosotros. A menudo, las sensaciones asociadas con hacer una petición son humildad, renuncia y libertad. Cuando hacemos una petición apropiada delante del Señor, tenemos una sensación de que pedimos algo que Él desea para nosotros. Si tenemos que justificar nuestra petición, es probable que estemos pidiendo en error.

Además, al hacer nuestra petición estemos conscientes de cualquier área de orgullo en nuestro corazón. Pidámosle a Dios que elimine ese orgullo y estemos conscientes de cualquier falta de fe en relación a que Él puede responder nuestra petición y que lo hará. Estemos atentos a todas las respuestas que podríamos rechazar del todo, incluso antes que Dios hable. Pidámosle ayuda en nuestra incredulidad (ver Marcos 9:24).

Oremos nuevamente para que el Señor mantenga nuestra mente abierta, despejada y ordenada. Luego sentémonos delante del Señor y esperemos su respuesta. La sensación que por lo general tenemos en este momento en meditación es de abdicar, rendirnos, ceder, aceptar, tener apertura o recibir.

7. ¿Qué deseos genuinos de su corazón quiere usted pedirle a Dios? (Escríbalos a continuación, dejando espacio para plasmar la respuesta del Señor y la fecha en que la recibe).

....

....

....

....

....

....

....

8. ¿En qué maneras siente usted que está haciendo su petición de acuerdo con la voluntad de Dios para su vida? ¿Descubrió algunos casos de orgullo? Explique.

....

....

....

....

....

....

....

OBTENER UNA NUEVA PERSPECTIVA

Al meditar en el Señor veremos las cosas desde una nueva perspectiva. Lo que antes ocupaba nuestra mente perderá su poder. Nuevas cosas despertarán en nosotros. Nos sentiremos más fuertes y capaces de enfrentar la vida. Según leemos en Salmos 36:9, «en tu luz veremos la luz». Hay algo acerca de que Dios derrama su luz sobre un tema que nos hace ver su verdad.

El apóstol Pablo oró para que a los efesios se les diera un espíritu de sabiduría y revelación en el conocimiento de Dios, a fin de que conocieran la esperanza del llamado divino, las riquezas de la gloria de la herencia del Señor y la supereminente grandeza del poder de Dios hacia ellos (ver Efesios 1:17-19). ¡Qué maravillosa experiencia! Nada nos parecerá imposible si llegamos con renovada esperanza, con una conciencia de todo lo que Dios tiene para nosotros y con seguridad de que Él puede actuar en poder, y que actuará, con relación a lo que ha prometido.

Específicamente, podemos esperar cinco sentimientos que impregnan todo nuestro ser como resultado de un tiempo pasado en meditación delante del Señor. El primero es *paz*. Jesús manifestó: «Mi paz os doy» (Juan 14:27). La presencia de Cristo en nosotros nos da profunda seguridad y sensación permanente de descanso. Nuestra mente ya no será lanzada de un lado al otro con opiniones muy divergentes. Nuestro corazón ya no se sentirá atribulado. Nuestro espíritu ya no estará agitado ni se sentirá presionado bajo una carga pesada. Conoceremos la paz.

Segundo, experimentaremos una *actitud positiva*. No se trata de un simple pensamiento positivo, sino de una actitud que lo abarca todo, y de que Dios tiene el control y que las cosas resultarán de acuerdo a su plan y propósito. ¡Una persona con esta actitud no ve el momento de presenciar lo que Dios hará!

Tercero, experimentaremos *intimidad personal con Dios*. Después de un tiempo de profunda meditación con el Señor sentiremos que hemos participado plenamente con Él y que Él ha participado plenamente con nosotros. Dios no es indiferente, no se mantiene al margen ni está lejos de nosotros. En realidad, está más cerca que nunca. Está dentro de nosotros... y nosotros estamos dentro de Él.

Cuarto, experimentaremos *purificación*. Un tiempo de estar sentados con el Señor nos hará sentir limpios por dentro. La presencia del Señor es purificadora. Mientras más estemos con Él, más veremos quiénes somos, más dispuestos estaremos a enfrentar nuestros pecados y pedirle perdón, y mayor será la limpieza que sintamos. Con la purificación viene una sensación de liberación, libertad y deseos de seguir adelante con fortaleza.

Por último, experimentaremos *pasión por obedecer*. Podemos llegar delante del Señor cansados en cuerpo, agotados en espíritu, emocionalmente angustiados y fragmentados en la mente, y descubrir que después de un tiempo de meditación sentimos energía, poder, fuerzas y un renovado entusiasmo por vivir. Dios actúa de dentro hacia afuera para refrescarnos. El resultado es que estaremos ansiosos por levantarnos, movernos y *hacer* realidad lo que Él nos ha revelado. Sentiremos ansias por seguirlo y recibir todo lo que tiene preparado para nosotros. Querremos hacer su voluntad y recorrer sus caminos porque sabemos que será para gloria de su nombre y para nuestro beneficio eterno.

Puede que Dios no nos revele su respuesta precisa durante nuestro tiempo de meditación, pero tenemos la seguridad de que ha escuchado nuestra petición y que su respuesta está en camino. Tenemos la seguridad de que, mientras sigamos escuchando, oiremos todo lo que Él tiene que decirnos. Si pasamos tiempo con el Señor y no experimentamos estos indicadores, animo a que pasemos más tiempo con Él. Volvamos y pidámosle al Señor que nos revele qué paso podríamos haber omitido o acortado en el proceso. Sentémonos otra vez en la presencia del Señor, y hagámoslo tan a menudo como sea necesario hasta que sintamos paz, tengamos una actitud positiva, sintamos profunda intimidad personal con el Señor, estemos conscientes de la purificación interior y tengamos pasión por obedecer el mensaje que Él tiene para nosotros.

¡Ahora es el momento de hacer esto! Si usted va a estudiar solo, identifique un tiempo y lugar en que pueda encerrarse con Dios para escuchar de Él. Si hace el estudio con un grupo, analice con sus compañeros cómo y cuándo pasarán tiempo con el Señor. Comprométanse a convertir en una práctica sentarse en la presencia de Dios y escuchar la voz de Él.

9. ¿De qué manera experimentó usted durante su tiempo con el Señor sensación de *paz, actitud positiva, intimidad personal con Dios, purificación y pasión por obedecer*?

10. «Yo estoy a la puerta y llamo; si alguno oye mi voz y abre la puerta, entraré a él, y cenaré con él, y él conmigo» (Apocalipsis 3:20). Al concluir este estudio, ¿cómo siente que Dios está tocando la puerta de su corazón? ¿Cuál es la promesa en este versículo si usted decide dejar entrar al Señor?

HOY Y MAÑANA

Hoy: Escuchar a Dios implica tiempos íntimos de conversación, como con un amigo cercano.

Mañana: Haré que sea una prioridad tener citas diarias con Dios.

ORACIÓN FINAL

Señor, nos hablas solamente con nuestros mejores intereses en el corazón, como un Padre amoroso. Hoy día te oramos en el nombre de Jesús por cualquiera que por primera vez se dé cuenta de que está escuchando tu voz y que se encuentra bajo la convicción de que debe entregarte la vida. También oramos por aquellos que ya han tomado esta decisión a fin de que sigan buscándote a diario y meditando en tu Palabra. Gracias, Señor, porque nos permites llegar a ti tal como somos, y porque continuamente nos transformas a la semejanza de tu Hijo.

Observaciones y peticiones de oración

Use este espacio para escribir todos los puntos clave, preguntas o peticiones de oración del estudio de esta semana.

Guía del líder

Gracias por querer liderar su grupo por medio de este estudio bíblico del Dr. Charles F. Stanley sobre *Cómo escuchar a Dios*. Las recompensas de ser líder son diferentes de las de participar, y es nuestra oración que con esta experiencia se profundice su propio caminar con Jesús. Durante las doce lecciones de este estudio usted ayudará a los miembros de su grupo a explorar temas clave relacionados con el asunto de perdonarse y perdonar a través de las enseñanzas del Dr. Charles Stanley, y a revisar preguntas que estimularán el debate en grupo. Hay varios componentes en esta sección que pueden ayudarle a estructurar sus lecciones y su tiempo de debate, así que asegúrese por favor de leer y reflexionar en cada enseñanza.

Antes de comenzar

Antes de su primera reunión, asegúrese de que cada uno de los miembros del grupo tenga un ejemplar de *Cómo escuchar a Dios*, de modo que pueda seguir la guía de estudio y tener con anticipación las respuestas escritas. Alternativamente, usted puede entregar las guías de estudio en la primera reunión y dar a los miembros del grupo algún tiempo para revisar el material y hacer preguntas preliminares. En la primera reunión asegúrese de hacer circular una hoja por el salón en la que los miembros escriban su nombre, número telefónico y dirección de correo electrónico para que usted pueda mantenerse en contacto con ellos durante la semana.

A fin de garantizar que todos tengan la oportunidad de participar en el debate, el tamaño ideal que debe tener un grupo es alrededor de ocho a diez personas. Si hay más de diez participantes, divida el grupo grande en subgrupos más pequeños. Asegúrese de que los miembros estén comprometidos a participar cada semana, ya que esto ayudará a crear estabilidad y a que usted prepare mejor la estructura de la reunión.

Al principio de cada reunión podría comenzar pidiendo a los miembros que ofrezcan sus reacciones iniciales al material que han leído durante la semana. El objetivo es simplemente obtener las ideas preliminares que se les haya ocurrido, así que anímelos en este punto a dar respuestas breves. Lo ideal es que usted disponga que todos en el grupo tengan la oportunidad de brindar algunas de sus reflexiones; por tanto, intente que las respuestas duren máximo un minuto.

Ofrézcales a los miembros del grupo una oportunidad de contestar, pero dígales que se sientan en libertad de no participar si lo desean. Con el resto del estudio, generalmente no es buena idea hacer que todos respondan cada pregunta... es más aconsejable un debate fluido. Sin embargo, con las preguntas iniciales para romper el hielo usted puede dar la vuelta al círculo. Anime a las personas tímidas a hablar, pero no las obligue. Además, trate de evitar que una sola persona domine el debate, y así todos tendrán la oportunidad de participar.

Preparación semanal

Como líder del grupo hay algunas cosas que usted puede hacer con la finalidad de prepararse para cada reunión:

- *Familiarícese muy bien con el material de la lección.* A fin de saber cómo estructurar el tiempo del grupo y estar preparado para liderar el debate, asegúrese de entender el contenido de cada lección.

- *Determine con anticipación qué preguntas desea debatir.* Dependiendo de cuánto tiempo tenga cada semana, tal vez no pueda repasar todas las preguntas, así que seleccione algunas específicas que crea que evocarán el mejor análisis.

- *Solicite peticiones de oración.* Al final del debate solicite peticiones de oración a los miembros de su grupo y luego oren unos por otros.

- *Ore por su grupo*. Ore por los participantes a lo largo de la semana y pida que Dios los guíe cuando estudien su Palabra.

- *Lleve suministros adicionales a la reunión*. Los miembros deben llevar sus propios bolígrafos para hacer anotaciones, pero es buena idea tener algunos adicionales para quienes los olviden. También es bueno llevar papel y biblias adicionales.

ESTRUCTURACIÓN DEL TIEMPO DE DEBATE GRUPAL

Con el fin de planificar la reunión, usted debe determinar con su grupo durante cuánto tiempo desean reunirse cada semana. Por lo general, en la mayoría de grupos las reuniones duran entre sesenta y noventa minutos, de modo que podrían usar una de las siguientes programaciones:

SEGMENTO	60 minutos	90 minutos
BIENVENIDA (los miembros del grupo llegan y se acomodan)	5 minutos	10 minutos
ROMPEHIELOS (los miembros del grupo comparten sus ideas iniciales con relación al contenido de la lección)	10 minutos	15 minutos
DEBATE (analicen las preguntas del estudio bíblico que usted seleccionó por anticipado)	35 minutos	50 minutos
ORACIÓN/CIERRE (oren juntos como grupo y despídanse)	10 minutos	15 minutos

Como líder del grupo, a usted le corresponde controlar el tiempo y mantener la dinámica de la reunión según la programación que se haya escogido. Si el debate de grupo se vuelve interesante, no intente detenerlo a fin de continuar con la siguiente pregunta. Recuerde que el propósito es unificar ideas y tener en común perspectivas exclusivas sobre la lección. Estimule a todos los miembros a participar, pero no se preocupe si algunos de ellos se muestran más silenciosos. Podrían estar reflexionando interiormente en las preguntas y tal vez necesiten más tiempo para procesar sus ideas antes de poder expresarlas.

Dinámica de grupo

Liderar un estudio grupal puede ser una experiencia gratificante para usted y los miembros del grupo, pero eso no significa que no se presentarán retos. Ciertos participantes podrían sentirse incómodos cuando se debaten temas que consideran muy personales y podrían sentir temor de que les pidan su opinión. Algunos otros podrían tener desacuerdos sobre temas específicos. Con el fin de evitar estos escenarios, considere establecer las siguientes reglas básicas:

- Si alguien tiene una pregunta que parezca salirse del tema, sugiera que se debata en otro momento, o pregunte a los miembros del grupo si están de acuerdo con tocar ese tema.

- Si alguien hace una pregunta para la que usted no conoce la respuesta, confiese que no la sabe y siga adelante. Si se siente cómodo, puede invitar a otros participantes a dar sus opiniones o hacer comentarios basados en sus experiencias personales.

- Si usted siente que un par de personas intervienen más que las demás, haga preguntas a quienes tal vez no hayan participado todavía. Incluso podría pedir a los miembros más dominantes que le ayuden a hacer participar a los más callados.

- Cuando haya un desacuerdo, anime a los miembros a procesar el asunto en amor. Invite a los participantes de lados opuestos a evaluar sus opiniones y considerar las ideas de los demás miembros. Dirija al grupo a través de Escrituras que traten el tema, y busque puntos en común.

Cuando surjan problemas, anime al grupo a seguir estas palabras de la Biblia: «Un mandamiento nuevo os doy: Que os améis unos a otros» (Juan 13:34), «si es posible, en cuanto dependa de vosotros, estad en paz con todos los hombres» (Romanos 12:18), «todo lo que es verdadero [...] honesto [...] justo [...] puro [...] amable [...] lo que es de buen nombre; si hay virtud alguna, si algo digno de alabanza, en esto pensad» (Filipenses 4:8) y «todo hombre sea pronto para oír, tardo para hablar, tardo para airarse» (Santiago 1:19). Esto hará el tiempo de grupo más gratificante y beneficioso para todos los miembros.

Gracias otra vez por su disposición de liderar el grupo. Que Dios le recompense sus esfuerzos y su dedicación, lo prepare para guiar al grupo en las próximas semanas y haga que el tiempo juntos en *Cómo escuchar a Dios* sea fructífero para el reino de Dios.

También disponible en la serie de estudios bíblicos de Charles F. Stanley

La serie de estudios bíblicos de Charles F. Stanley es un enfoque único al estudio de la Biblia que incorpora la verdad bíblica, las ideas personales, respuestas emocionales y un llamado a la acción. Cada estudio se basa en la gran trayectoria de enseñanza del doctor Stanley de los principios rectores encontrados en la Palabra de Dios, mostrando cómo podemos aplicarlos de manera práctica a cada situación que enfrentamos.

Cómo avanzar en la adversidad	Cómo experimentar el perdón	Cómo escuchar a Dios	Cómo depender del Espíritu Santo
9781400221448	**9781400221820**	**9781400221585**	**9781400221653**

Disponible ahora en su librería favorita.
Pronto habrá más volúmenes.

GRUPO NELSON
Una división de Thomas Nelson Publishers
Desde 1798

NASHVILLE   MÉXICO DF.   RÍO DE JANEIRO